本気《マジ》モテ。

haruno rei
春乃れい

絶対!!
恋人ができる
プログラム

プロローグ

モテる女とモテない女の違いって？

隙がなさすぎると、オトコは入ってこられない。
隙がありすぎると、下心バリバリのオトコばかりが近づいてくる。
嫉妬心を煽《あお》らなければ、オトコの闘争本能は燃えあがらない。
嫉妬心を煽りすぎると、ガラスのハートなオトコたちは疲れてしまう。
ボディタッチをしなければ、〝距離〟が縮まるのが遅くなり、
ボディタッチをしすぎると、オトコはそれを都合よく〝エロ解釈〟してしまう。
モテるって簡単なようでいて、難しい。
愛されるのとは少し違うし、
タイプじゃないオトコにチヤホヤされても仕方ない。
本気《マジ》モテするには、エロスの要素は必要不可欠。
だけど、オトコのエロス欲ばかりを煽ると、

都合のいい女として片付けられる。
若いオトコにモテたいのに、近寄ってくるのはオヤジばかり。
リッチなオトコにモテたいのに、口説いてくるのは『並』ばかり。
『姫扱い』されたいのに、気づくといつも尽くしたあげくに遊ばれる。
なぜ？
どうして？
まずは、あなたが『自分が納得できるモテ』を、
未だ味わえていない原因を知ってください。
そうすれば、あなたは本気《マジ》モテされる女になれる（はず）。
信じるか信じないかは、あなた次第です↑某ベストセラー本のパクリ

——春乃れぃ

モテ女度チェック★自分のモテ度がわかる！

自分にあてはまる項目があったら○を付けてみましょう。

□自分で購入した恋愛マニュアル本が、自宅に2冊以上ある
□恋愛ドラマが好きだ
□やっぱり男は顔だ（ジャニーズ系に弱い）
□その男のバックボーン（実家の資産・大学・勤務先）で、付き合いを考える
□男はやっぱり巨乳が好きだと思う
□年に3回以上、合コンに参加する
□巨乳より、美脚の方が男ウケがイイと思う
□結局最後に勝つのは、ブリッコな女だと思う
□長澤まさみより、沢尻エリカの方が男ウケすると思う
□ここだけの話、「天然キャラ」を演じたことがある
□顔や性格より、男の肩書きに弱い
□私は、「男運」が悪いと思う

□彼に、エッチな写真を撮らせたことがある
□私の生活の中心は、「彼」だ
□彼がいても、他の異性からもモテたい
□今の彼より条件の良い男にアプローチされたら、正直、乗り換えようと思う
□彼（元カレ含む）の浮気を、1度でも許したことがある
□浮気をしたことがある
□セレブな生活に憧れる
□好きな人だけに愛されれば、それで良い
□恋人ができると、女友達に自慢してしまう
□私は自他ともに認める、「わがまま」だ
□私のわがままが原因で、人を「マジ切れ」させたことがある
□私は、男に「嫉妬」させるのが上手いと思う

□告白される回数より、口説かれる回数の方が多い
□友達に、合コンや紹介を頼んだことが、3回以上ある
□浮気をされたことが、2回以上ある
□キラキラしたものが好きだ
□ネイルアートに命をかけている
□アイメイクに魂を注ぎ込んでいる
□私の勝負下着は、「見た目のエロス」重視だ
□テレビで巨乳を売りにしている女性アイドルが映ると、イラッとくる
□私の周りには、「美人でもないのに、不思議とすごくモテる」女の子がいる
□ここだけの話、私は、結構イケテルと思う
□気がつくと、私ばかりが話していることが多い
□恋愛マニュアル本なんて、正直あまり役に立たないと思う
□「彼氏がいない時期」を作りたくない
□異性と飲んだり食べたりして、「割り勘」にするような男はダメだと思う
□男から、「割り勘ね」と言われたことが2度以上ある
□男に、「ここは私が払うから」と言ってしまったことが、2度以上ある
□合コンでは、盛り上げ役を買って出てしまう
□男に甘えることができない
□3度目のデートで、〝身体〟を求められないと心配になる
□男に人気のある女子アナが、嫌いだ
□彼氏の携帯電話を、勝手に見たことがある
□男は必ず、浮気をすると思う
□肩書きや収入がどれだけ立派でも、中身のない男には興味がない
□今の自分は、30歳を超えても充分「キレイ」で「通用する」と思う
□自分の興味のないことは、知りたいとも思わない
□タイプじゃない男と、付き合ったことがある

モテ女度チェック★解説

モテ度アップのために、自分を知っておきましょう。

○が0個から5個のあなたは…

本物のイイ男を知っている（であろう）あなたは、きっと自他ともに認めるイイ女。

ただし、もしかすると周りからは、『もう少し可愛げがあれば、もっといいのに』と思われているかもしれません。彼に対してだけでなく、周囲の人にも〝可愛げ〟ある接し方をして、無敵のモテ女を目指してください。いやー、それにしてもあなたはとても素晴らしい。

○が6個から10個のあなたは…

本物のイイ男に、「惜しい！　あと一歩」と思われている（であろう）あなたは、きっと男不足を感じたことがないはず。

結構、モテるんじゃないですか？　ウヒヒヒヒ。だけどその結果、自分に自信があり、「現状で満足」しすぎているかもしれません。

10年後、20年後も、「女の第一線」にい続けるために、内面外見ともさらに磨くと、最高のモテ女になれると思いますよっ！

○が11個から20個のあなたは…

ちゃんと好きな人と付き合えているし、そこそこモテるあなた。

だけど、どこか自分に自信がなくて、つい彼の浮気を疑ったり、同性の友達を羨ましがったりしていませんか？

もしかすると、過去の恋愛の失敗経験に縛られて、素直になれなかったり、「私は男運がない」と決め付けているかもしれません。

あなたは、『真のモテ女　予備軍』です。今よりもっと幅広い異性からモテることで、自分に自信がつき、もっともっとイイ女になれるはず。

○が21個から30個のあなたは…

ビジュアルはそこそこで、性格も悪くない。それなのに、なぜか、『恋愛運』が悪いような気がする。モテないわけじゃないけど、ワタシならもっとモテてもいいような気がする。——と、いつもなんかしらの、疑問や不満をあなたは持っていませんか？

あなたが、自分が納得いくほどモテない原因は、もしかすると、『柔軟性』が足りないせいかもしれません。

こうすれば、こうなるはず……なのに。こう言えば、こう反応が返ってくるはず……なのに。こうして欲しいけど、恥ずかしいからそんなこと言えない。もっとこんな風にして欲しいけど、私のことを好きなら言わなくてもわかってくれるはず。自分に対しては甘く、優しく、異性に対しては厳しく、〈型〉にはめて考えしまう。

『真のモテ女』は、柔軟です。そして、相手によって応用を利かせられます。頭とココロの柔らかい女になって、すんげー楽しいモテ人生を歩きましょう！

○が31個から40個のあなたは…

あなたは、あなた自身のことをちゃんと好きですか？　自分のことをあまり好きでない人は、相手に理想を押し付けてしまいがち。それが相手を疲れさせ、自分を苛立たせ、悪循環となってしまうことは多い。

　でもそれじゃあ、この手の恋愛マニュアル本を何冊読んでも現状は変わりません。

　あなたがまず先にするべきことは、自分を好きになることのような気がします。1つでもいいから、「私は、私のこういうところが大好き！」と胸を張って言えるような部分を見つけたり、作ったりして、その部分に自信を持って、ありのままのあなたで、『モテ勝負』ができるようになりましょう。

○が41個から50個のあなたは…

　あなたは、あなた自身の魅力に気がついていないのではありませんか？　コンプレックスのない人間がいないように、魅力のない人間なんて、いないんです。

　今のあなたは、〈自分に臆病になりすぎて〉モテたいというよりも、人に、異性に、嫌われたくない——という思いを強く抱いているのではありませんか？　人は人。あなたはあなた。

　同性の誰かを羨んだり、嫉妬したりするより先にあなたはあなただけが持っている自分の魅力に、1日でも早く気づくようにし、そして、その魅力を今よりも大きく育てるようにしましょう。

　それがあなたを、『魅力あるモテ女』にする最短の近道ですよ。

「3年前までは、オトコなんて選びたい放題だったのに」

「5年前までは、オトコ不足を感じたことなんてなかった」

ってな巷《ちまた》の声をよく耳にします。んなもん、あたしに言わせりゃ『あたりまえ』。

若い頃はモテるんです。ちょっとコギレイにしてるだけで、オトコは群がってきます。

なぜなら、「若いから」。若さというのはそれだけで、武器になる。

ええ、そうですとも。あたしにはもう武器がありませんが、それが何くわっ!

だけど、若さゆえのモテは、『本気モテ』ではありません。決して、負け惜しみではなく（?）「10代」という看板が消えても、「20代前半」という売りが消えても、「20代」という最後の（?）キャッチコピーを失っても、マジでモテる女でい続けるためには、『今の本当の自分』を知り、向き合うこと。

今ある魅力を最大限にし、足りない点は補い、直すべき箇所は1日でも早く修正しましょう。甘えも、エロスも、わがままも、賢く、効果的に使って、真のマジでモテる女になってください。

Contents

Lesson 1

本気モテ改良計画。

Lesson 2

可愛さで本気モテ。

Lesson 3

エロ差で本気モテ。

Lesson 4

会話で一気に本気モテ。

Lesson 5

デート&飲み会で本気モテ。

デザイン ―――― こやまたかこ
イラスト ―――― Tsukune
春乃れぃ

制作 ―――― 長尾義弘
編集 ―――― 梅木読子

Lesson 1

本気《マジ》モテ改良計画。

モテる女は甘え上手。

甘え上手がモテる、そんなことわかっているけれど……。
「私はとっても甘えベタ。だからきっとモテないんだ」――大丈夫！
今日からあなたを、甘え上手のおねだり上手に変身させてみせます。
その代わりに、ここで書いたことは迷うことなく実践してください。

●甘えベタの売り文句

「『しっかりしなさい！』って言われて、厳しく育てられてきたから、甘え方がわからなくて……」

この台詞で相手の彼に、甘えたいけど**甘え方がわからない**女の子であることを知ってもらう。

この売り文句の前に、「私は長女だから」「私は次女なんだけど、姉が頼りないから」「子どもの頃弟が病弱だったから、私には親が『しっかりしなさい！』って……」などの台詞を付け足すと、なおGOODです。

●基本的な甘え

～してもらう。

フタ、プルトップなどを開けてもらうのは常識として、それ以外に、バンドエイドを貼ってもらうなどの行為も、甘えの基本には足しておきたいところ。

●おねだりの基本は両手

おねだりやお願いをする際は必ず、顔の前で両手を合わせて、上目遣いで「お願いっ！」とやる方が、男には〝満足感〟を与えられます。

〝甘えたおねだり〟をする際に使って欲しい優秀台詞

「一生のお願いっ!!」↑これです。

男は〈一生のお願い〉になぜか弱い。

一生じゃないことはわかっているけれど、その必死さがいじらしく見えるらしい。

そしてこれに「このお願いを聞いてくれたら、今日1日なんでも言うことを聞くから！」などの台詞を足すと、『仕方ないなぁ……』『（お願いを）聞き入れてやるか』なんて言いながらも、男たちは〝優越感〟を味わうわけです。

〝甘えたおねだり〟を断られた場合

ふてくされるのは、絶対にやめましょう。これだけは死守です。

断られた時こそ、甘えのチャンス。唇を尖らして可愛くスネてください。

この時に「ブー」などと言いながらスネると、甘えた度が急激にアップします（ほんまか？）（サムくないか？）。

あたしの友達に、甘えたな性格のみを使ってのし上がってきた、マリちゃんという、これまたモテる女性がいます。

彼女は、自分が良いことをした（言った）あとは必ず男の前に頭を突き出して、こう言うんです。

「ヨシヨシしてよぉ」

マリちゃんは今年35歳なんです。

「ええ歳こいた大人の女がヨシヨシして！」って、最初はあたしも思っていました。

が、しかし――、「ヨシヨシしてよぉ」と言われた男たちは皆が皆、目尻を下げ、鼻の下を長く伸ばして、デレッとした表情を隠そうともせずマリちゃんの頭をナデナデ、ヨシヨシするんですよ……。ちょっと、引く……もとい、驚いたわよ。

スネた時の「ブー」とか「ヨシヨシ」などは、いわゆる『子ども語』ですよね。

赤ちゃん言葉はイタいけれど、大人の女が時々使う〝子ども語〟は、男の中の

『甘えられたい願望』『甘えて欲しい願望』に火を点けるようです。

普段から甘えたな人の甘えは可愛い。

でも、甘えベタな女の子の甘えた姿はもっと可愛い。

「キリンさんが好きです、でもゾウさんの方がもっと好きです」


そんなノリで、Go to 甘えた!

男は〈一生のお願い〉になぜか弱い。

愛される束縛テクニック。

ギューギューに束縛されることは嫌うくせに、まったくされないとなると「俺って好かれてないのかしら？」と不安になる男の子たち。

どんだけガラスのハートやねん。

束縛の加減はほんとに難しい。でも大丈夫さ、マイフレンド！

今回は『愛される束縛テクニック』を、ともにお勉強いたしましょう。


まずは束縛のタブーから。

いじける。ふてくされる。押し付ける。

突然機嫌が悪くなったり、態度を変える。待ち伏せをする(?)。
1日の電話やメールの回数を決める。彼の行動を管理する。
気持ちはわからないでもないけれど、これらの行動はタブーです。
とてもよろしくない束縛アラカルトですからねえ。
『会えた時は全身全霊で喜ぶ』
『声が聞けた時は、うれしさを爆発させる』
『帰り支度が始まったら全身全霊で悲しむ、寂しがる』
つまり……、彼が次も会いたくなるような喜び方をする。
彼が次も電話をしたくなるようにうれしさを表現する。
彼が、俺と離れるのがそんなに寂しいのか、と勘違いするくらいに悲しむ。
モテる束縛とは行動を縛るのではなく、彼の心を縛ることです。
行動を縛ろうとするから、重たがられたり、うるさがられたりしちゃうんですね。
好きな彼のナンバーワンでオンリーワンになるためには、「あの娘をもっと喜ばせたい」「あの娘にもう、あんな寂しい顔はさせたくない」と、たくさんの（たくさんの？　いえいえ、1人でも結構です）男に思わせてナンボなんです。

行動を束縛すること、されることが大の苦手なあたしが、ホステス時代にオネエサンたちに教えてもらった男心を縛るテクニックがこれです。だから絶対の保証付き。


右記以外にもこんなモテ束縛の方法があります。

それはペアリングをおねだりするやり方です。その際は必ずこのようにおねだりしてください。

「○○君はモテそうだから不安なの。でも束縛なんてしたくないから、その代わりにお揃いのペアリングが欲しい。そうすればココに（と言って彼の左手薬指をそっと掴む）、いつも私はいるんだから、心配しなくても大丈夫！　って思えるような気がするの」

たとえば好きな彼に告白されたとしましょう。

その際にもこの台詞は使えるんですよ、ただし少しだけ以下のようにアレンジします。

「うれしい。でも……○○君はモテそうだから、いつか振られるんじゃないかって不安だな、私ヤキモチ妬きだし――以下同じ」

じゃっかん重めに聞こえるこれらの台詞ですが、人は『自分に好意のある人を好きになる』ようにできているので、このくらいの〝スキスキ（束縛）アピール〟はしておく方がいいんです。この台詞はかなり使えます。

ただし絶対に『彼の左手薬指』を掴むことだけはお忘れなく。

ここが〝モテかわ束縛テク〟なのでねっ！

モテかわな束縛で、男心を縛る。

モテの秘訣は容姿だけじゃない。

ホステスをしていた頃、変わった女の子が入店してきました。

〈ふかわりょうさん〉みたいな髪型に、凹凸のない男の子みたいな身体つき。

男と女の駆け引きなんかにはまるで興味がなく、故ナンシー関さんを神と呼ぶ、
超さっぱりした性格の女の子、マサヨちゃん。

誰もが彼女をライバルとしなかった。

「彼女だけには負けるはずがない」と、夜の蝶たちはみんな思った、けれど……。

入店から1ヵ月後のマサヨちゃんは、あっという間にナンバー2のポジションへ。

テーブルについた時点では、女扱いというかホステス扱いすらされないマサヨちゃんが、どのようにして海千山千の男たちを次々に落としていったか、あたしが見

たままを以下に書きます。

1　身振り手振りで一生懸命しゃべる

……人は身振り手振り付きで話す人の話を、つい夢中になって聞いてしまう。

2　相手の手の動きを視線で追う

……自分の話を真剣に聞いてくれているのだ、と思わせる。

3　話している相手から一瞬たりとも視線を外さない

……目をジッと見つめるってのは、モテの基本です。

4　答えたくない質問（シモネタなど）には2テンポおいてから首を傾けるのみ。

……女子アナの高島彩さんなど、モテ度の高い女子がよく使う手。

つまり、身振り手振りで相手の興味を自分に向かせて、「あなたの話を真剣に聞いていています」というポーズを崩さず、シモネタなどの苦手な話題を振られた時は、ワンクッション置いてからとぼけた上で答えない。

見た目は極めてボーイッシュで、男女の色恋にはちんぷんかんぷん。

そんな『女として扱われない度が１００点満点』な女の子であっても、押さえるべきところさえ押さえていれば男の心はがっちり掴める、という、これ以上ないくらいのサンプルでした、マサヨちゃんは。

『女であることが売り』の夜の業界において、『女』を売りにせず、ナンバー２の座を９ヵ月間キープしていたマサヨちゃんのシンプルテクニック。

これをモテ技の１つに取り入れないなんて、大損害間違いなしです！

**身振り手振りでのおしゃべりと
ジッと見つめる視線で、相手の心をクギ付け。**

〈一言多い〉をプラスに変える！

一言多い女を「生意気だ」と、毛嫌いする男は多いが、一言多い女に「生意気で面白いヤツ」と、興味を示す男はかなり少ない。

前者は自分に余裕がない男、後者は自分に余裕がある男、ただそれだけの違い。

だけど、圧倒的に前者が多いから、一言多い女がモテないようになっているのだ。

つい突っかかって、余計な一言を加えてしまう。

一言多い女は、自分のその部分が良くないのだと、心のどこかで思っている。

なのに言ってしまう。


モテたいならば一言少なくすればいい。簡単なことだ。

でもその簡単なことができないから、苦労してるんやな?

だったら、その余計な一言をこう変えれば、モテないがモテるに早変わりするぜ講座にまいりましょ。

やり方はとっても簡単、最後に必ずこれらを付け加えるだけ。


「……って言うから、私って可愛げがないって言われちゃうんだな」

「……って言うから、私っていつも生意気だって言われちゃうんだな」

「……って言うから、私っていつも人から嫌われちゃうんだな」などなど。


生意気だと思われるような余計な一言を言った直後に、反省をつぶやく。

これだけのことで、相手に与える印象はまったく違うものになります。

反省している者に対して、強く言う人はなかなかいません。

そればかりじゃなく、生意気を言った直後の反省はいっそう可愛く見えるんです。

それともう1つ。

「~言われちゃうんだな」の**〈ちゃう〉**は、〝可愛さ倍増語〟です。

なので、できれば、「……って言っちゃうから、~って言われちゃうんだな」という風に、〈ちゃう〉のダブル使いを強く強くおすすめします。

余計な一言を言ってしまったあとは、間髪入れずにすぐ反省。

たったこれだけのことが『生意気だけど可愛い奴』という風に見せてくれるんです。

可愛さアップのキーワードは〈~ちゃう〉

モテる世話焼き。モテない世話焼き。

女の人には母性があるから、愛しい者に対しては、どうしても世話を焼きたくなってしまうらしい。

ただ、世の中をよくよく見てみると、世話を焼かれすぎた子どもや、過保護に育てられた子どもは、とてもじゃないけど立派とは言えない大人に育ったりしてる。

世話焼きの上手い女の人は、いい男に愛されている。

その反面、世話焼きの下手な女の人は、ダメ男に年中振り回されてる。

ということで、今回は、愛される世話焼きと、男にウザがられる世話焼きの違いを知って、モテれ。

●男の嫌いな世話焼き

・彼の友達付き合いにまでクチを出す。

・彼の仕事に対するダメダシを繰り返す。

・彼の体調のことを考えた手料理を、小言と一緒に出す。

・彼の行動に対して、ああしろ、こうしろ、とクチを挟む。

・押し付けがましいアドバイス（生き方、考え方、ファッションなど）。

・彼の不在時に、合鍵を使って彼の部屋に入り、掃除や洗濯をする。

ようは、世の中の『母親』が愛する息子のためにするような世話焼きは、〝恋愛をしたい男〟からすると、ウザいってわけ。

※結婚後は少し別

●男の好きな世話焼き

・体調が優れない時限定（風邪など）の、かいがいしい看病。

・彼の愛用品（消耗品）のストックを、さりげなく買い足しておく（アピールは×）。
・彼が見逃した時のために、彼が毎週見ている番組や好きな番組を録画しておく。
　※ムダになってもいい。
・定番だが飲食店における、おかずの取り分けや、さりげない追加注文など。
・ヒザ枕で耳かき。
　※汚れをとることよりも、この行為で彼に癒《いや》しを与える。

大切なのは、さりげなさ。
困った時に、助けてくれる。
かゆいと思った時のみに、手が届く感じ。

押し付けがましい世話焼きには、母の存在を感じるが、そうではない世話焼きに対して、男は「女性特有の気遣い、気配り、優しさ」を感じるもの。

これができる女の人は本当に少ないから、この世話焼きの加減を知って実行できれば、モテ度は１００に近付きます。（マジ！）

『彼のため』を思ってする世話焼き。

それ、本当は『自分のため』ではないですか？

好かれたい、愛されたい、モテたいがための世話焼きでは、男心をゲットすることはできないですよお？　気をつけてくださいね。

母親のような世話焼きは×。
さりげない気配りや優しさを。

〈見せ〉てモテるちょいテク。

〈見せてモテる〉なんて書くと、「あー、胸でしょ？　足でしょ？　パンチラでしょ？」と思われるんだろうか。

違いますよ。

今回はシモネタはいっさい関係ないです。

「シモネタ」「エロかわ」はまったく使いません、それでもモテなんです。

見せるのはこの2つ、お財布と手帳です。

お財布は、ご馳走になった際に「払おうとする心意気」を見せるのに使います。

2000円と小銭程度しか入れていない、**『見せるため専用のお財布』**を、常に

持っておくのもよいかもしれません。

男性は、男が奢るのは当然！ と思ってはいても、「払おうとする気持ちを一応は見せて欲しい」これが本音です。

だからお財布を出して「心意気」だけ見せる、これだけで印象がまったく違うものになります。

そして**もう1つの「見せてモテる」は、手帳です。**

人はいけないと思っているからこそ、他人のプライベートを覗きたくなる生き物です。

「見せて欲しい」とは言えない。だけど、見える範囲にそれがあるなら、チラ見してしまう。

好きな彼とお出かけした際のレストランや、片思いの彼と雑談をしている最中などに、こんな風に話を振るんです。

「誕生日いつ？」↑知っていても聞く。

彼が誕生日を教えてくれたら手帳を取り出して開き、彼の目の前で書き込みましょう。

たくさんのメモが書き込まれた、プライベート情報満載の人の手帳には、『蜜の味』がします。

彼があなたの手帳をチラ見しているのを、目の端で確認したら、「この日空いてるんだけど……映画（でも、なんでもいい）に行きませんか？」と誘ってみる。

手帳を出しているから、誘いやすいんです。そして相手の彼は、人のプライベートを盗み見てしまったプチ罪悪感から、「いいよ」と言わざるを得なくなる。

それに万が一その日がダメでも、「じゃあ、いつなら大丈夫？」「来週は？」と次の展開に運びやすいのも利点。

それもこれも『人の手帳』というプライベートが間に入っているからこそ。

付き合っている彼の携帯電話を盗み見したことのある人なら、わかると思います。

ドキドキやスリル、『やましいことをしてしまったあとだからこその、優しく接してしまうあの感じ』を。

接客業時代は、よくこの手を使っていました。

もちろん「見ちゃダメ！」って一言を必ず最初に言って、相手の『見たい欲』を煽るんですけどね？

それが〈テクニック〉なので。

胸でも足でもない。〈見せてモテ〉のアイテムは、お財布と手帳！

〈素直になれない〉と〈涙〉の関係。

感情はすべて表に出します。

おそらくあたしの中では、理性や建前などの部分は死んでいるのでしょう。

ただ、それでも許されることが多いのは、あたしがアメリカ育ちだから、ってところがあるのだと思う。

実際に、「やっぱりアメリカ育ちだから、すべてがストレートだね」ってよく言われる。

ストレートなのと素直なのは、ちょっと違うような気がするんやけどね。

読者の方からいただく恋愛相談でも、「素直になれない」という悩みは多い。

もったいないなあと思う。

だって、素直さって『相手の心を開く1番の鍵』になるのに。
ということで、今回は〈素直になれない人〉をモテさせる講座です。
基本的に涙を武器にするのは、好きではありません。
だけど〈素直になれない人〉を、モテさせるには涙が必要になります。
涙さえ出せれば、簡単なことです。大好きな人の前で、
『こんなに好きなのになんで私は素直になれないんだろう!』と気持ちを昂《たかぶ》らせ、
ポロリと1粒出しましょう。
その時に、この一言を必ず言うようにしてください。
「どうして、いつも思ってることと違うことを言っちゃうの……」
彼にではなく、自分を戒めるように、自分に話しかけるようにつぶやきながら、
涙ポロリ。
これは効きます、びっくりするぐらいの効果が得られます。
なぜなら、あたしはこの方法で、収拾のつかない事態を何度も治めたことがある

からです。

フフフッ。

あたしは自称素直やけど、めちゃくちゃ気が強いので、売り言葉に買い言葉で事態を悪化させるのが得意なんです、サイアクだねえ。

なので「このままじゃヤバい」と思った時は、この台詞を言いながら涙をポロリと流します。

もちろんウソっこ涙です。

この台詞を言ったあたしを責めてくる男は、いまだかつて1人もいませんでした。

「泣きやがった」と溜息を吐く男もいません。そればかりか、もれなくハグが付いてきます。

●素直になれない女の、素直すぎる心のつぶやき

どうやらこれが男心をズバーンと撃ち抜くみたいです。

もちろん喧嘩した時ばかりに使うわけじゃありません。

ここで素直になってないとヤバい！　そう思った時は、いつでも使ってください。恥ずかしくて素直になれない時、張った意地を今さら引っ込められない時など、お好きな時にどうぞです。

泣きながら「どうして、いつも思ってることと違うことを言っちゃうの……」

――この台詞を巧みに使えるようにさえなれば、モテ街道まっしぐらですよ。

本当にメッチャ効きます！　だまされたと思って、勇気を出して試してみてください。メールでも使えます。

〈素直になれない人〉を、モテさせるには涙が必要。

モテアゲ確実のメール術。

モテラブメールは大胆にいきましょう。
かなり使える（かなり使ってる）３つのラブメールを特別に教えちゃいます。

まずは1つめ。
こちらは23時から23時59分までに送るメールです。
（もちろんこの時間帯に、あらかじめ彼とメールをしておくことが条件です）
『1日の最後にメールをくれた人が、○○君ですごくうれしい♥
おやすみなさい』

2つめのモテラブメール。

こちらは朝の〝おはようメール〟が彼から届いた時に送り返す、モテラブメールです。

『今日1番最初にメールをくれたのが、○○君ですごくうれしい。

今日も1日頑張れそうな気がします♪』

デートのあと、好きな彼と2人で出かけたあとに送るメールはこちらです。

『すごく楽しかった。

きょうはありがとう。

♥』

1つめと2つめのメールに関する詳しい説明はいりませんよねっ?

迷うことなくガンガン使ってください。間違いなく男心を撃ち抜いちゃうメールなので。

3つめのラブメールには〝からくり〟があります。わかりますか?

〈縦読み〉すると、『すき♥』になるんですねえ。

1行に収める文字数は少なく、『今日』は〈きょう〉とひらがなで書いてくださいねっ。

彼が縦読みのからくりに気づかなくても別にいいんです。

気づいて欲しければ、サブジェクト(件名)に「私、○○君のことが……」と入力するだけでいい。

彼がそれで気づけばラッキー。

彼が「どういう意味?」と返信してきたら、「縦読みしてみて」と、種明かしをすればOK。

これら3種のラブメールの効果はですねえ、『絶大にもほどがあるぜ、春乃ちゃ

んよぉ！』という感じです（ほんとかよ）。

iモードがスタートした以降に、お付き合いしたメンズのみなさん及びお客さまたちは、みな前ページのラブメールで、アタクシに撃ち落とされて今にいたります。

モテラブメールは大胆に！

Lesson 2

可愛さで
本気《マジ》モテ。

徹底的に可愛い仕草で、男心をくすぐる。

多くは語るまい。

可愛い仕草を使いまくって、男心をくすぐりましょう。

●**なんでも両手で包むようにして持つ。**

・グラス（冬のマグカップや、缶コーヒーなどは特に効果大）

・マイク　他

●**袖口や服のすそを引っ張る。**

●**「ツンツン」と言いながら、人差し指で彼を突付く（さとう珠緒戦術）。**

ここらあたりはポピュラーですよね。うんうん。

では明日から、以下に書く可愛い仕草も付け加えましょう。

●手を繋ぐチャンスが訪れたら、彼の小指を（ソッとですよ、ソッと）掴みましょう。

●口紅やグロスはダメですが、薬用のリップは彼の見ている前で塗り足しましょう。

※「チュパッ」という音が鳴らない程度に上下の唇を合わせ、〝弱タコチュー〟になった唇を見せ付ける。

●眠くなってきたら、両手の人差し指で両目をこする子どものような仕草。

●野菜スティックやジャガリコなど、細長い食べ物をクチにする時は、それを両手の指の先で持ち、リスのように〝無心〟にポリポリ食べる。

などなど——。

たとえば、昔のゆうこりん（ゆうこりん、って書くのも恥ずかしいけど）のようなブリブリの仕草は、悲しいかな、使い手の年齢を選んでしまうんです（妙齢の女がやると痛々しく見える）。


だけど、ここで書いたそれらは、大人の女が使ってもOK。

大人の女だからこそ、可愛さがよりいっそう際立つんです。

あ、もちろん若い女の子が使っても可愛いですけども。

自分らしい可愛い仕草を見つけたい時はブリブリではなく、幼児（赤ちゃん含む）や、小動物の愛らしい仕草の中からチョイスするといいんです。

たとえば、それはカラオケなどで、3年前に流行った歌を唄うと、レトロな感じがするけど、20年前に流行った歌を唄うとその古さが逆に新しく感じる、みたいなところ。

わかりますか？　わかんないか。

作ったブリッコよりも、生き物本来（この場合だと小動物や赤ちゃん）が持つ可愛らしい仕草には、イケメンも、ヤングエグゼクティブも、オヤジもジジイも、ほんまにめっちゃ弱いんです。

赤ちゃんや小動物の愛らしさは
ブリッコに勝つ。

わざと間違えて、可愛い印象を与える。

知らないのに知っているふりをする人のことを、世間では『知ったか』と呼んで冷めた目で見ますけれど、知ってるのに、わざと知らないふりをしたり、間違えたりする人のことを、あたしは『クレバー（ずる賢い）で、したたかなヤツめ』とハートの目で見てしまう。

さて、わざと間違えて可愛い印象を与えるテクニックは簡単です、こんな風にしてください。

たとえば、好きな彼にホットコーヒーを入れる。

その彼が『シュガー1杯、ミルク2杯』なのを知った上で、間違える。

「○○さんは、シュガー2杯、ミルク1杯ですよねっ」と明るく言いながら、マグカップを手渡す。

「いや、俺は砂糖1杯、ミルク2杯だけど……」と言われたら、勝負。

「あ！　間違った！　〝○○さんの好きなものは、全部リサーチ済み〟なのに間違えちゃった！」と、慌てふためく。

〝○○さんの好きなものは、全部リサーチ済み〟←当然ここがポイント。


たとえば、好きな彼の誕生日。わざと1日早め、もしくは遅めにプレゼントを渡す（もしくは『おめでとう』を言う）。

「○○さんは、今日がお誕生日でしたよねっ。おめでとうございます！」と明るく言う。

「いや、俺の誕生日は昨日（もしくは明日）だけど……」と言われたら、勝負。

「あ、どうしよう……1日勘違いしてた！　〝○○さんの誕生日だけは絶対に忘れない〟って思ってたのに、間違えちゃった！」と、なげき悲しむ。

〝○○さんの誕生日だけは絶対に忘れない〟←当然ここがポイント。

このように知っていて、わざと間違えるテクニック。このテクニックがモテに繋がる理由は、3つ。

・強い好印象を与えることができる。

・〝○○さんの好きなものは、全部リサーチ済みなのに〟などの言葉を使って、存分に『好き』を伝えられる。

・たいていの男はドジな女に対して、無条件で可愛いと思うようにできている。

間違えたのになぜ『好印象』を与えられるのかというと、これらの間違いには可愛げがあるからです。

これらのテクニックは、あたしが広告代理店に勤めていた時の事務員の吉田ちゃんがよくやっていたものです。

吉田ちゃんは良くも悪くも普通の女の子だったので、派手なオネエチャンたちと遊びなれている広告マンを落とすために、血の滲むような努力をしていました（その結果、営業一部の男の子とデザイナーの男の人を見事に2股してました）。
2月16日が誕生日のコピーライターさんに（吉田ちゃん、次のターゲット）「今日がお誕生日でしたよねっ。おめでとうございますっ！」と、半年後の8月16日にプレゼントを渡していたのにはマジで驚いたけど、これも可愛げのある勘違いと処理されてました。

恐るべし吉田。

男は上（優位）に立って、間違いを優しく正したり注意したりするのが好き。
そこんところのツボをもしっかり押さえたこのテクニックに、広告マンたちは簡単にヤラれていましたとさ。めでたし、めでたし？

可愛げのある間違いで、男心のツボを突く。

男が「NO!」と言えない、モテ甘台詞。

甘え上手がモテるコツなんてのは、あたしも何度も書いてるし、他の恋愛ウソー本にも書かれています。

だけど実際は、甘えるのがどうしても苦手な女の子もいるわけで。

それは生まれ育った環境だったり、過去の恋愛の中で傷ついてしまったからだったり、原因はさまざま。

「私なんかが甘えても、気持ち悪がられる」

「私なんかが頼っても、迷惑に思われるに決まってる」

こういう思いから甘えられない人だって、きっといてるんちゃうかなあ。

ってなわけで、90％（100じゃなくて、ゴメン）男がNO！と言えない、安心のモテテクを少々書いてみたいと思います。

まず、甘え上手の基本として、知っておかねばならんことは、「甘えていい時」「ダメな時」を間違うと、ウザがられる、ってこと。

日本の男の人は、公《おおやけ》の場所で、女性に甘えられることに慣れていない。つまりそれは、恥ずかしいに繋がる。

それよりも、**外ではしっかりしているのに、プライベートでは甘えてくる「俺だけが知ってる、この姿」ってのが、好きなようだ。**

会社では甘えないけど、退社後の飲み会では甘えたモードになる——とかね。

こういう使い分けが上手い人って、少ないよねえ。残念やねえ。

電話やメールで甘えるってのも、最初は可愛げがある、と思われるだろうけど、毎回だと男は疲れてしまうので、要注意!。

——で、男がNO! と言えない最強のモテ甘。

たとえば(言えるならば)、言葉ではこれがダントツ(過去の経験より)。

「○○君じゃなきゃ、ダメなの」

「○○君じゃないと、意味がないの」

「○○君にやって欲しいの、他の人じゃイヤなの」

涙より武器になるぜ、この台詞は。

●怖い経験をした時

・彼と一緒にいる時に、酔っ払いに絡まれたり
・彼と一緒にいる時に、停電、雷、地震などに遭ったら、怖がりながら
「ギュッってして」


これも効くよ、かなり効くよ。マジで効くよ。

要は、言えるか言えないかの問題ですな。でも、緊急時くらいは言ってもいいと思うよ。

効果絶大なので。

これら「○○君じゃないと～」シリーズと、「ギュッってして」は、失敗ナシです。なぜかというと「素直な感情」だから。

そこに計算や媚《こび》はないし、素直な感情がそのまま言葉になって、甘えになっているので、男は断ることができない。

これで断ることができる男がいたら、逆に尊敬するわ。

ってなぐらいに効果的な甘え台詞です。ぜひ1度、使ってみては？

「甘えていい時」「ダメな時」を上手に使い分ける。

男が放っておけない弱さを武器に一気にモテれ。

性格も言葉遣いも爆発的にキツいし悪いし、体格もけっして細々となんてしていない（あたしは超肉感的バディ、ただいまダイエット中）。

なのにあたしは、弱い——と思われている（付き合ったり、親しくなった男性限定だけど）。

自分より弱い女を守ろうとする、素晴らしい本能が男にはあるから、（まあ……時には暴力をふるったりするアホもいてるけど）、弱さのキーワードは、いくつか持っているとかなり得ではあるよね。

あたしの場合は、

・虫に激弱
・オバケ系に激弱
・なぜかストーカー被害に遭いやすい
・極めつけは、身体がありえないくらいに弱い

ので、男が〝簡単〟に守ることができる。


つまり、男らしさを誇示できるわけです。

普段の生活では、威張りくさっている分、右記4点の弱さが際立って、プラスに作用する。

これは、立派な武器と言えよう。


男の前で弱さを見せるのはイヤ！　って人もいるかもしれない。

だけど、まあ、この本を読んでる時点で、本音のところでは、ちょっぴりモテた

い人なんでしょうから、いいじゃん、弱さくらい見せつけていきましょう。

本当は弱いくせに強がりなヒロインが、ハッピーエンドを迎えるのは小説かドラマの中の話やで?

実生活では、だいたいそういう女子は損してる。

弱いくせに。強がって。ばかだなあ。ヨシヨシ、ナデナデ。無理すんなよ、と。

――で、弱さの話に戻りますが、相手の彼が、カバーリングできる範囲の弱さを武器にすると、守ってもらいやすい(=モテやすい)です。

たとえば、

- **夜道が怖い。**
- **最寄駅から家までの帰り道が怖い。**

↓ならば、送ってもらうきっかけが作れる。

男側は「俺が、この子を守ってやってるんだ!」と、いい気分に浸れる。

「雷が怖い」と言い続けていたら、雷が鳴るたびに我が家へ飛んできてくれた男がいた（恋人未満）。

「襲われかけたことがあるから、酔っ払いが怖い」と言い続けていたら、盛り場を歩く時は、必ずあたしの手を握ってくれる上司や同僚がいた。

「痴漢にあったのをきっかけに電車が怖い」と言い続けていたら、電車の中で、まるで抱擁するようにあたしを守ってくれるメンズが数名ほど。


このように、その彼がどうにかできる部分で、「弱さ」をアピールしていくと、男は「放っておけない!」と、行動に出てくれます。

過去に、「フォークで刺されたことがあるから（実話）、先のとがったものが怖い。先端恐怖症やねん」と話したところ、「さすがに、それはどうにもできへん……」

と悲しい顔をされたことがあります。

基本的に男は、自分より弱い女の子が好き。

だから、弱さのキーワードをたくさん持っていると、それだけで得だってこと。

簡単でしょ？

明日から、アレが怖い。コレが怖い。言いまくってみれ？

絶対に、騎士（ナイト）気取りで動いてくれる男が続々と出てくるから。

カレがカバーリングできる範囲での弱さをアピールすること。

考えるふりはスプーンを使う。

これはあたしの小さな頃からのクセのひとつなんですが——食事中に相手の話を聞く時や、または聞かれたことについてどう答えようか迷っている時などに、あたしはスプーンの先を軽くかじってしまうんです。

けっしてお上品ではないこのクセですが、思ってもみない効果を発揮します。

ズバリ書きましょう。

・小顔に見える

・自然に上目遣いになる

スプーンの〝え〟の部分を胸の前で持ち、スプーンの先（5ミリ程度）を軽くくわえると、鼻から下が身体の内側に入るので、小顔に見えるし、上目遣いになるわ

けなんですねえ。

あたしの父や過去にお付き合いした恋人は、このスプーン技を『おねだり顔』と呼び、どんなに高価なものをねだられるのかと覚悟しながら君と食事をしていた、と言います。

さきほども書きましたが、スプーンをくわえる行為は、けっして品の良いものではありません。

だからといって、めっちゃ下品なわけでもないんですけど。

何年か前に『チュッパチャプス』をくわえて、プリクラや写真を撮ることが中、高校生の間で流行りました。

「なぜチュッパチャプスなのか?」について、テレビで美容関係の専門家の先生が、『小顔効果』『上目遣い効果』によって写真写りが可愛くなるからだと、言ってたんです!

あたしゃ、たまたまそれを見ていて、心底ぶったまげました。「スプーンと同じやんか」って。

専門家の先生もおすすめ（?）のスプーンくわえ技。↑正しくはチュッパチャプスですが。アホ面にならないよう多少の練習は必要かもしれませんけど、ほんとに2割増しで可愛く見えるから不思議です。※首を傾げるオプションを足すとなおGOOD!

ただし、何度もやるとただの下品なヤツなので、ピンポイントで使ってね。んでもって『二重アゴ』になるくらいまで、顔を身体の内側に向けたらあかんよ?　それじゃ逆効果なんで。

スプーンをくわえ技は、ピンポイントで使うこと。

男がかまいたくなる「３Ｍ」

その昔、男が好きな「３Ｍアイドル」ってのがいたな、そういえば。

miyazawa rie（宮沢りえ）

mizuki arisa（観月ありさ）

makise riho（牧瀬里穂）

それはそれは、すげぇ人気だったんやで。＜若い読者のみなさん

今回のテーマは、男が〝かまいたくなる〟３Ｍです。

宮沢りえちゃんたちとは、なんら関係ございません。

たとえば「わがまま、気まま、思うがまま」という〝３まま〟は、あたしの専売特許ですが、これは高度な技術（？）と、高度な厚顔無恥を要するので、本書の読者さんには不向きなんです。

というわけで、『本気《マジ》モテ』向きの「３Ｍ」を紹介していきたいと思います。

● **無邪気～mujaki**

あどけなくて、素直な・こと（さま）。

● **無防備～muboubi**

災害や危難に対する準備のない・こと（さま）。

● **無鉄砲～muteppou**

先のことをよく考えず強引にことを行う・こと（さま）。むこうみず。

（三省堂提供『大辞林 第二版』より）

わかりやすく説明すると、子どもっぽくて危なっかしいみたいなことですね。
「彼女……ひとりじゃ危なっかしくて、何するかわからない」
なんて台詞がドラマや小説や漫画によく出てくるけれど、まさにその通り。そう

いう女に男は弱い。

男というのは、子どもの頃から、「女の子」には優しくしなさい。

「女の子」は守ってあげなきゃいけないのよ。

――と親から教えられている場合が多い（らしい）。

よって、守らなきゃいけない要素をたくさん持っている女の子に、自然と目がいき、かまいたくなってしまうのは当然の道理。

大人になるにつれ、無邪気さや無防備さ、無鉄砲さってのは減少していくもの。

いろんな経験を経て、しっかりしてきたり、危機管理ができる大人になるのは普通のこと。

だけど、男はそういう女を、「あの子は強い」「俺がいなくても大丈夫」だと思ってしまうようだ。

んなわけないのにな？

だから――危機管理をするな、しっかりするな、って意味ではなく、そういう部分を持ちながら、上手く隠せってことなんですよ。
「彼を頼る、甘える、依存する」とは違うんです。
それでは次第に、彼を「重たく」させてしまうだけ。
無邪気、無防備、無鉄砲の３Ｍは「子どものような危なっかしい」感じ。

無邪気に喜ぶ。
無防備な振る舞い。
無鉄砲な行動。

大人になるにつれ、失われていくこれらを、「意識して持つ」ようにすると、男は「気になって、かまいたくて、タマラン」になります。

「子どものような危なっかしさ」を見ると、男は守りたくなるのです。

可愛い要素が少なめでも可愛く見えるモテる技。

ケータイ書籍『モテれ。』の読者の方から、質問メールをいただきました。

身長が173センチと高く、顔つきもキツめで声も低い。

可愛い要素が足りない、そんな私でも使える可愛い演出はありませんか？

あります、あります！

というか、だからこそ（高身長、きつめの顔立ち、低音ヴォイス）効果があったりする、みたいな。

あたしの友人には背が高い子が多いんですよ。だいたい170センチ前後。

しかも類は友を呼ぶというのか、みんな、性格や言葉遣いが極端にキツいときているる。

だけど、みんな可愛いキャラで売ってます、いや、売ってました。

で、きちんと高値で買われていきました。

だから大丈夫です、安心してください。


わかりやすく説明するために、サンプルをあげましょう。

【サンプル】……涼子　現在31歳。


身長は172センチで体型は超大柄。顔立ちは派手でキツい。

趣味は合コン。特技はドイツ語。頭脳はクレバー。つまりは、ずる賢いってこと。

来春、イギリスを本拠地とする大手レコード会社勤務の男性（28歳）と、めでたくゴールイン。

さて、この涼子ですが、とにかく合コンが大好き。

言っちゃ悪いが、あたしは涼子が合コンでモテるのが信じられなかった。

確かに涼子はクレバーだから男の考えを先読みし、『かゆいところに手が届く女

つぷり』を発揮する能力には長けていた。

しかし年齢も若いとは言えないし、体型だって高身長なだけではなく横にも大柄で、顔立ちにしても目はクリクリとして大きいけれど、お世辞にも男ウケする顔の造りはしていない。

なのに、なぜ涼子がモテる？

●ファッション

長い手足を「これでもか！」と見せ付けるようなトップスとボトムスを、必ずチョイス。

●髪型

落ち着いたブラウン色の髪は量を少なめにカットしてもらい、念入りなトリートメントでいつもツヤツヤ。

そしてヘアアイロンを使って必ず、ゆるやかな巻き髪を作っていた。

●アイメイク

すべての色味はブラウンで統一。その理由は『優しげに見えるから』だそうだ。目を大きく強く見せるマスカラ使いよりも、優しくて印象に残るような目元を作ることに重点を置くのが良いらしい。

パッチリ二重の人は、目頭寄りのまつ毛にはビューラーで強めにカールを作り、マスカラで根元からグイッと持ち上げる（目尻寄りのまつ毛には、あまりカールをつけないようにする）。目尻から黒目にかかるくらいまでの下まつ毛には、きっちりたっぷりマスカラをつける。マスカラの色はもちろんブラウンで。

こうすると、大きくて強めの印象の目が、優しくて物言いたげな雰囲気になります。一重だったり、奥二重だったり、まつ毛が短い人は、ぜひアイラッシュ（付けまつ毛など）を使って、優しい目元を作ってください。

余談ですが、美容整形外科医の知人が以前言ってました。

「彼女が整形かどうかは知らないけれど、女優の松嶋菜々子の目の造りは男ウケす

る」と。

ここまでが、高身長でキツい印象を与えがちな涼子が気をつけている外見。

次からは男心に揺さぶりをかける、可愛く見えるテクニック。

●徹底的にピンク色にこだわる

部屋のインテリアは高級ヨーロピアン家具で統一しているのに、持ち物だけはベビーピンクにこだわる女、涼子。

お財布、キーケース、携帯のストラップなどは、すべてベビーピンク色で揃えて女の子らしさを演出。

●キャラクターグッズを少量

前述したように、高級ヨーロピアンなくせして、男ウケだけを狙い、キャラクターグッズを『1、2点』だけ常に持っている。

涼子曰く、「クドくなく、男ウケが悪くないのは、ディズニーの〝リトル・マーメイド（アリエルちゃん）〟」らしい。

「アリエルちゃんの手帳は（男ウケ）いいわよ」と、すすめられてしまったけど……ほんまかいな。

●ショボいものを怖がる

雷、男の人の大きな声、酔っ払い、満員電車など、どうでもいいものに理由をつけて怖がる（怯える）。

「昔、痴漢に遭ってから、電車が怖い」

「昔、酔っ払いに絡まれてから、酔った男の人が怖い」

「お父さんとお母さんが大喧嘩しているのを子どもの頃に見てから、男の人の大きな声が怖い」

など、相手の男が『守れる範囲のショボいものを怖がる』と、見た目（大柄、キツめ）とのギャップがあるから可愛らしさが際立つ。

●徹底的に選曲にこだわる

歌は下手でもいいから、男ウケと可愛い声を出すことだけに徹底的にこだわる。張り上げたり、唄い上げる系の歌ではなく、可愛らしい歌を下手くそ気味に唄うのが良いらしい。

男は歌で女を落とせるけれど、女は上手い歌で男を落とせないから、下手な方が良いのだという。

●話す時は目の位置を合わせる

自分より背の低い子どもと接する時のように、話す時は必ず目の位置（視線の高さ?）を合わせる。同じ位置で目を合わせて、安らぎ、安心感、信用など、恋愛に必要不可欠な感情が生まれやすい状況を作る。

背が小さくて、何もしなくても可愛らしく見える女の子がやると、クドくなりがちなこと（キャラクターグッズやピンク色のグッズを持つなど）も、高身長でキツめな印象の女の子がやると、そこに生じる見た目とのギャップが可愛らしく見える。

小さな子どもが大人の真似をするアンバランスさが可愛く見えたり、大人の男がゲームやスポーツに夢中になって、少年のような顔をするのが愛しく見えるのと同じような感じ。ただし何事もやりすぎには注意すること。

背が高い、顔立ちが強めというだけでインパクトがあるので、やりすぎてしまうとすべてがクドくなってしまう。

と、涼子が言ってました。

最後に声の低いあたしからのアドバイスです。

あたしはメチャクチャ大阪弁ですし、声も低いです。だから普通に話すと怒ってると勘違いされてしまう。

よって、話す時は抑揚をつけたり、語尾を女性らしくしたり（～ね↑ネを付けたり、～になっちゃう↑〝チャウ〟を付けたり）、クスクス、コロコロと1度の会話の中で誰よりも多く笑うように心がけています。

それだけで相手に与える印象がずいぶん違います。

男ウケする可愛らしさの少ない外見だからこそ、そのギャップを上手く使ったり、小さなところ（語尾の言い回しなど）にまで神経を行き渡らせて、愛らしく見える演出をする。そうすることによって、小柄で可愛らしい女性よりも、可愛らしさが際立つのです。涼子がほんとにいい見本。

大柄でおっさんみたいなあの子がモテる理由は、これだったんだ……と、今回のこれを書いててようやくわかったような気がします。涼子、結婚おめでとう。

小さなギャップで可愛らしさを演出。
でも、やりすぎには注意！

Lesson 3

エロ差で本気《マジ》モテ。

曲線を無理やり作る。

女の体の最大の魅力は、丸みがあるところだと思う。
胸がないあなた、ごめんなさいね。
ケツのないあなた、ごめんなさいよ。
丸みのありすぎるあなた、ともに痩せようじゃないか。

でも大丈夫。無理やり、曲線を作ることなんて簡単。
頬杖をつく時、指先は伸ばすのではなく内側に曲げる。
(よくキャバ嬢のオネエチャンが、グラビアでやってるポーズだよ)
このポーズはね、3倍増し可愛く見えるから。
まあ、人によっては1・5倍増しくらいにしかならないかも、だけど。

あ、あとこの時、頬杖をついている腕の「ヒジ」はできるだけ内側にして、エセくびれラインを、相手の視界に入れること。

座る時、揃えた足は真っ直ぐではなく斜めに流す、とか。

あとは……セックスの時の「よがり方」ひとつで、エッロイS字ラインが作れます。

肉があっても、なくても、意識して「曲線」をつくりましょう。

女の曲線は最大の武器になる。

話す時は ボリュームとトーンを下げる。

キンキン声、聞かせたいだけの大きな甘えた声、高いだけで湿度のない声を持つ女が大の苦手。
なぜなら、彼女たちはイメージさせない女だから。
「男はイメージの生き物」です。

欲しい男には、イメージさせることが大切。

あたしはお酒の席では、自分の隣に座った男女に話しかける時、相手の耳元に唇を近づけ、声のボリュームとトーンを下げ、できる限り小さな声で囁《ささや》くように話す。

相手が「え？　聞こえない」と耳を近づけてきたら、わざと唇を一瞬触れさせる。
別にエッロイ話をするわけじゃない。

「ねえ？　昨日のコナン君見た？」だとか、「煙草1本ちょうだい」だとか「あたし、鼻くそ付いてるんじゃないかしら？」など、なんでもイイ。

大切なのは「エッロイ妄想」を相手にかき立てさせること。
行動はエロく。でも会話はエロくなく。このバランスが大切です。

男はイメージする生き物である。

クセにしてしまえ、品良く見える簡単しぐさ。

品が良く、女らしく見えるしぐさは簡単に作れます。

あまりに簡単なので、クセにしてしまえばよいと思うのです。

なぜこんな簡単なしぐさを、わざわざここで書くかというと、簡単なのにできてない女の子があまりに多いからです。

逆に言いたい。「なぜ、しないの？」と。


すべての行動に片手を添える、たったこれだけのこと。

笑う時、グラスを持つ時。小皿にタレなどを移す時は、周りに汁が飛ばないように片手を添えて囲いを作る。

誰かに物を渡す時も片手を添えることを忘れない。エニタイムの片手添えです。

これだけで品の良さ、女らしさがグッと上がります。

先日、異性の仲間たちと餃子専門店に行った時のことです。

餃子のタレが入った小皿にラー油を足し入れる際、先に入っているタレが飛ばないよう片手を添えました。

「なんで手を添えるの？」仲間の1人が問います。

「タレが跳ねると汚れるでしょ？」そう答えるあたしを、メンズたちが『ほほお！』という顔で見ましたよ。

たかがこれぐらいのことで、そんな顔するか？　と、あたしゃ不思議で仕方なかったです。

ただし唐揚げについているレモンを絞る時は、片手を添える前にひと声かけるのをお忘れなく。

これはレモン汁が要らない人、〝第三者が絞ったレモン汁〟が苦手な人などへの気遣いですから。

ホステスをしていた頃、あたしが勤めていたお店では、新人さんが入店すると教育係のオネエサンたちは、『片手を添えるしぐさ』を徹底的に教え込んでおりました。これ、ほんとですよ？

たとえば、タバコに火を点けるサービス。

片手を添えるのと添えないのとでは、相手に与える印象はまったく違います。

たかが片手、されど片手。

それだけで男の見る目が変わるなら、やらなきゃやっぱり損ですよっ。

片手添えのしぐさは、思っている以上に効果が高い。

利き手を使わない。

シャキシャキ、テキパキとした動きよりも、まったりゆっくりした動きの方が「女らしく」見える。

ともすると「鈍い、のろい、遅い」と相手に嫌悪感を抱かせてしまう、ゆっくりした動き。

だから、ピンポイントだけに「ゆっくり」は使う。

髪をかき上げる時、グラスを持つ時、携帯電話を使用する時、煙草に火を点ける時、缶ジュースのプルタブを開ける時などに、あたしはあえて利き手じゃない左手を使用するようにしています。

ただしお皿など割ってしまいそうだったり、ひっくり返してヒンシュクを買いそうな物を持つ時など、慣れないうちは、この「利き手じゃない方」を使うことは極力やめた方がイイ。

男は「恥をかかされること」が嫌いな、プライドの高い生き物ですからね。

ゆっくりした動きは、使う時と場所を選ぶこと。

くしゃみの練習。

ツバの飛び散らない、オッサンみたくない、オバハンみたいでもない、可愛いくしゃみをする女がいる。

これはねえ、ポイント高いんだなあ。

「エクシッ、オラッ!」みたいなのは論外だが、「ブヘッ、ッアアァ……」みたいなのも、可愛くない。

男はね、可愛いくしゃみに対しては、女が思ってる以上の「過剰反応」をするよ。

これは練習あるのみ。

ちなみにあたしは、鼻をつまみ、口もほとんど広げず、「チンッ」と鳴くようなクシャミができます。

でも、付き合って半年もすぎると、「ブエクシッ、オラッ！　チグショー！」になりますが、それはご愛嬌ということで。

可愛いくしゃみはポイントが高い。
練習、練習……ひたすら練習！

プチコスプレで、モテる。

チャイナ服と、ボンテージのコスプレだけは、ほんまに似合ってへんけどなあ…
…今じゃ、デブデブやからあきませんわ。

今回書く〝プチコスプレ〟は、巷《ちまた》のエロ男たちが好き（?）な、制服系や萌え系キャラに扮したコスプレのことではありません。

日常生活の中で、『ネコ耳』を頭に付け、「ご主人さま、おかえりニャしゃーい」なんてヤってる女がいたら、1時間お説教してやる。

ここでは普段の生活で取り入れても、問題のないコスプレを紹介したいと思います。

目的は、

『イメージを固定しない』

皆それぞれに、自分のファッションのイメージというものを持っていると思います。

カジュアルだったり、可愛い系であったり、小悪魔マッキー（？）系だったり、いい女系だったり。

確かに自分に合うものを着ることは大切だし、無理やり「無理め」にチャレンジすることは、痛みを伴ったりもします。

――が、しかし

万年同じテイストの服ばかりだと、飽きられるのは早い。

なんてったって男は〝目新しいもの〟が大好きな生き物ですから。

お目当ての彼に会う日、会う時間、デートに行く場所、行く時間帯などによって、テイストを変えましょう。

男は、その日の彼女の服装で優しくなったり紳士的になったり、わかりやすく対応が変わります。

イメージの定まらない女に、男は強い興味を示します。

もっとも簡単なのは、その日だけコンタクトを外して眼鏡に替えるとか、その逆とか。

彼を家に招いて手料理を振る舞う時には、できればエプロンを付けましょう。エプロンはプチコスプレのマストアイテムです。

過去の経験を話すと、ホワイトで統一した清楚っぽい服の時は、名刺（や連絡先）を渡される率が高かったです。

紺色をベースにした、スッチーをイメージさせたやや華やかなスーツの時は、高学歴、高収入など自分に自信のある男から口説かれる率が高かった。

Tシャツにデニムのミニで参加した飲み会では、お持ち帰り用（簡単にヤレる？）の誘いがめちゃめちゃ多く、そのTシャツ、デニムのミニに、「紺ブレ」と「茶系のロングブーツ」を合わせただけで、同世代や年下の男の子からの〝本命人気〟が、グンと上がった。

あたし個人は何も変わらないのに、服装を変えただけで、男の反応はまるで違う。

自分のイメージを決めず、楽しみながらするプチコスプレは、男の目をも楽しませることができるのです。

よって、モテる。

男は〈目新しいもの〉好き。
イメージを変えるだけで、反応も変わってくる。

モテる女は隠し上手。

知り合いの精神科の先生曰く、長く深く愛されるコツは「知られすぎないこと」。

人は隠されると見たくなる、知りたくなる生き物。

すべてを見てしまうと、興味が薄れていく生き物。

男の「もっと（見たい・知りたい）」を上手く煽らず、すべてを見せ合うことが愛情だと思っていると早く飽きられる。

すべてをさらけ出すのは、愛情を深めるというより「安心」を深めるだけ。

男の多くは狩りたい、追いたい、探索したい生き物なのに、「安心」を与えてもねぇ……わかっちゃいないわね、ってな話ですよ。奥さん。

肌の露出もそう、プライベートをあけすけに話すのもそう。すべてが「すぎて」しまうと、知りたいとは思われなくなってしまう。

見せてもイイ、話してもイイ。
だけど、肝心な部分だけは隠す。

胸元の開いた服で、かがむ時は手を添える。

ミニスカートを穿いている時は、スカートと太ももの間の隙間にハンカチを置く。

などは基本中の基本で、「もうちょっと見たい」「もう少しずれてくれたら」「それからどうなんねん」「核心をついてくれよ」という男心の底を煽る。

あたしの場合、特異な環境で長く暮らしているせいで、本名や生年月日など「個人」を証明するものが何ひとつない。

それがたまたま、「本当はどうなの?」「それって本当のこと?」「もっと君の(本当かもしれない部分の)話を聞かせてよ」に繋がり、男に安心感を与えなくしている。

これは「隠し上手」ではないけれど、偶然の産物にしてはラッキー。

たとえば、過去の話はしても、その当時の写真は見せないとか、ありとあらゆる体位でセックスをしても、明るい所では裸体をさらさないとか。

なんでもかんでも彼の求めるままに「ＯＫＯＫ」じゃ、そりゃあ、あなた……飽きられるのも早くなりますがな。

男にもっと見たい、知りたいと思われるのが、
長く深く愛されるコツ。

ちょいエロで差をつけろ〈手を繋ぐ〉

〝手を繋ぐ〟という行為は、なんやかんや言うてもエロいよね。

「そんなん思てんのは、おまえだけじゃ！」という声が聞こえてくるような気もするけど……。

これまで多くのデートをしてきた経験から思うのは、初デートで、こなれた感じで手を繋いでくる男は案外少ないな、と。

なんていうんでしょ、こうモジモジしてるっちゅうか、ソワソワしてるというか。

（あ、この人……手、繋ぎたがってるわ）とわかってしまうよな、不自然さ。

それに気が付いた時、あたしは決まってこう言います。

「あたし、手を繋がないで歩くのって不安なの」

するとほとんどの男は、〝よくぞ、先に言ってくれました!〟みたいな顔をして、ササッと手を出してくる。

これがスタートです。

まずは勇気を100倍、いや1000倍出して、手を繋ぐようにしましょう。

ここからが、勝負開始です。

すべて**『無意識にやってます演技』**で、やり切るようにしてください。

もちろん、手は〝大人繋ぎ（指と指とを絡め合う、アレですよ、奥さん!）〟でいってくださいね。

1 爪の先で彼の指や、〝指と指の間の付け根〟をかりかりする。

2 第2関節を折り曲げて、彼の指の第1関節に巻きつける。

3 繋いでいる手から、中指だけを上手く抜いて内側に入れ、彼の掌をサワサワする。

以上。

手の指は、性感帯の1つです。

もちろん個人差があるので、感じる人、感じない人がいるとは思いますが。

これみよがしにやってしまうのは、〝Bitch〟ですが、（確信犯だけど）無意識っぽくやってのけると、ちょいエロですみます。

そうとう『ゾクゾク』くるらしいです。

そういう行為に慣れていない彼は「どうしたの？　なーに？」と、聞いてくるかもしれません。

その場合は「え？　何が？」と、思いっきりしらばっくれてくださいネ。

まず、手を繋ぐことがスタート。
ここは勇気を出して！

ちょいエロで差をつけろ〈キス〉

そろそろ来るな！　狙われてるな！　ってのは、わかるもんです。
たとえ、あなたがバージンでも。
なんていうんでしょう、『甘美と緊迫の間』みたいなあの空気。
初々しいその感じ——久しくご無沙汰です。
さて、好きな彼とのファーストキス（本当のファーストキスとは意味が違う）。
初回ぐらいは彼のリードに任せてOKです。されるがまま、が逆によろしいです。
しかし、それだけではモッタイナイ！
せっかくのファーストキスです。
キスをすれば、身体の相性がわかるんです。

こちとらプロなもんでね。いや、そうじゃなくて。少量のインパクトと少量の刺激、そして今後の期待を煽るキスをしなければ、もったいないです。

だけど、ベロンベロンに舌を使ったエロさ満開のキスは、初回にはやりすぎ。ファーストキスは、『すぐ抱ける』を連想させるのではなく、『ちょっとイイかも……』と思わせられる程度でちょうど良いのです。

●舌を使うなら

1 舌と舌を絡ませるよりも、彼の唇のほんの少し内側（歯茎に触れる手前の〝肉〟）に、舌をほんの少しだけ這わせる。※慣れない間は上唇がやりやすい。

2 舌と舌を絡ませるよりも、ほんの少しだけ彼の『舌の下』に舌先を運び、舌先で、彼の『舌の下』（ややこしいな！　早口言葉かっつーの）を柔らかく愛撫。

●唇を離す時

キス終了後は、唇をサッと離すのではなく、ひとクセ付け足しましょう。

上下の唇のやや内側を使って、彼の下唇を『甘噛み』しながら、ゆっくりと離します。

この〝彼の下唇を『甘噛み』しながら、ゆっくりと離す〟は、かなり、評判がよろしいです。

初回からエッチが上手すぎる女には、ちょっと引き気味な日本の可愛い男子たちですが、ほんの少しだけ、キスがエロい女なら大歓迎だと思いますよ（経験談）。

ただし、エロの要素も舌づかいも、ほんの少しだけにしてください。やりすぎなのはやっぱり引かれてしまいますのでね。

エロの要素〈ほんの少し〉が鉄則。

ちょいエロで差をつけろ〈キスの途中〉

そうそう、それとキスの途中でぜひ、やっていただきたいことが。

――やっていただきたい、ってのもオカシな話ですけどねえ。

ご存知の方も多いかとは思いますが、あたしは男女ともに愛せるバイセクシャルです。

よって女の子と付き合ったことも、キスしたことも、エッチをしたことも、浮気現場に踏み込まれてヤられかけたことも、マンションのガラス戸を壊されたことも、あります。

で、彼女たちといたしたキスの経験で書くと――、エッチの途中のキスで『それ』をする子はいてましたけど、初回のキスで『それ』をやる女の子は、残念ながらいませんでした。
さて、ではさっそく『それ』の秘密に迫ります。

1 キスの最中に半目を開ける。

半目＝半分目を開ける、って意味です。

けっして白眼をむくことなく、まぶたをプルプルさせることもなく、とろけるような、虚ろな目をしてください。

2 そして、ひとこと「好き……」と言います。

この場合、発音よろしく「好き！」と言い切るのではありません。
あなたのキスでとろけたわ〜って感じの、力の抜けた「好き……」です。
声にならない、クチパクだけの「好き……」でも、全然ＯＫ！！！

キスの途中の息継ぎの間や、いったん唇が離れたその間に、やってください。
「好き……」が「好きなの……」になっても構いません。ずえんずえんＯＫです。
男心はスーパーファイヤー。一気に燃え上がります。ボワッ！

キスの途中で男心に火を点ける。

ちょいエロで差をつけろ〈ハグ1〉

ハグ1では、互いに座った姿勢で行う、ちょいエロハグを説明します。
やり方は超簡単。照れずにやるか、やらないか。問題はそこだけです。
いかなるシチュエーションでも構いません。
とにかく、彼とあなたが座った状態で抱き合う形になった時は、こうしてください。

1 はじめは彼のしたいように、ハグさせてください。
2 身体は密着させたまま、両腕だけを彼の身体から離します。
3 離した両腕を彼の首に巻きつけるようにします。
4 この時、動きやすいように少し上半身を伸ばします。

5　顔を彼の耳元に近づけ、「うれしい」と囁いてください。

これでOK。

「うれしい」が「好き」「大好き」になっても構いません。

気をつけたいのは、叫ばないことと、うれしさをたっぷりと込めて囁くこと。

ハグなんて書くと「欧米か！」みたいな感じですが（古い？）、今の時代、何気にハグってやってるよね？

軽く酔っ払った勢いでとか、おめでとう！　ありがとう！　のノリなんかで。

そういう場合にやるのも良いし、酔っ払った勢いで、好きな彼（または恋人）に抱きついて実行するのもOK。

恋人関係うんぬんに限らず、ハグは愛情表現のひとつだから、嫌いな相手とははずしませんよね。

そんなちょっとだけ特別っぽい行為に、「うれしい」とか「好き」などの気持ちを、甘い囁き声でプラスしてください。

そうすれば、きっと近いうちに、ステキな進展がありますよ。

他の国に比べるとハグの習慣のない日本の男子が、ハグ＋甘い囁きに強くできてるわけがないんやから。

ちょいエロで差をつけろ！

ハグに甘い囁きをプラス。彼もとろけます。

ちょいエロで差をつけろ〈ハグ2〉

〈ハグ1〉が座ってやるハグなら、今度は2人とも立った状態で行うハグです。

これは彼とあなたの身長差によって、多少ビミョーになってくるんですが――、

でも腕の短いあたしでも問題ないので、おそらくは大丈夫かと。

あ、でも身長差が30センチぐらいあると、ちょっとキツいかなあ……。

まあとりあえず、知らないより知ってる方が何かと得やと思うからなっ。

こちらは〈ハグ1〉より簡単。

1 はじめは彼に抱きしめられる形のハグ。

2 両腕は彼の肩下から腰の間に巻きつけておく。

3 利き腕だけを、彼の身体から離す。

4 離した腕を、彼の脇の下に突っ込んで、強く抱きつく。

5 そのままの体勢を維持し、彼の首の付け根、もしくは襟足に指先で触れる。

密着度と〝あなたを欲してます〟というポーズの両方が極端に増すこのハグは、効果抜群です。

彼と背丈がそんなに違わないなら、〈ハグ1〉で書いたように耳元で囁くのもOK。

彼との身長差が大きいなら、とろけそうな目で彼を見つめて、「好き」などと言ってみてください。

このハグは密着度うんぬん以外に『酔い』がプラスされます。ドラマのラブラブワンシーンのような、ちょっと熱めのハグなので、主人公気分で2人とも酔いしれることが可能。

そのままキスしてもいいし、しなくてもいいし。お好きなように。
ちょいエロハグで差をつけろ！

**まるでドラマのワンシーン。
思いきり酔いしれてください。**

Lesson 4

会話で一気に本気《マジ》モテ。

押し方を知ってモテる。

恋愛が下手な人、外見や性格もさほど悪くないのにモテない人。
は、1度自分の「押し」に疑問を持ってみてはいかがでしょー？

恋愛に「押し」は必要不可欠なもの。

だけど、その「押し」が強すぎると、『しつこい』になりますし、弱い押しでは、
相手に気持ちが伝わらないまま空回りしたりなんてことも。
だからこそ「上手い押し」は、モテに一気に繋がるわけなのです。
今回はあたしの経験から、そこのところのさじ加減を少々。
男性相手のお仕事をしている頃、指名は当然のことながら、延長をとるのがとて

も上手いと評判でした。

指名や延長はそのまま売上げに繋がるので、1本でも多くゲットできればそれにこしたことはナイわけで……。

「この子と1分でも長く一緒にいたい」

と、お客さまに思ってもらえるような接客をするのは当然だけど、そこに金銭が絡む場合、お客さまは〝本能〟と〝お財布事情〟をハカリにかける。

ここで、一気に勝負に出るわけです。

言葉で「もっと一緒にいたいな」と言うのも1つ。

だけど、もっとも効果的だったのは、「無言のまま」寄り添って、相手の手をギュッと握る、こと。

相手がポジティブ（前向き）に迷っている時は、口数を多くする（説得）よりも、態度で押すのがいいのです。

押しに弱い男の人もいるけれど、経験上、男の人は〝強い押し＝しつこい〟と捉

えるケースが多いようです。

●**ダメな押し**

・しつこい。

・脅迫っぽく感じる。

●**良い押し**

・相手が〝押されてる〟と感じないこと。

・男の自尊心を、気持ちよくくすぐる。

たとえば告白の時なんかだと、

「こんなに好きになったのは、○○君がはじめて」

「こんなにも○○君のことを好きになるなんて……悔しい」

「私、男の人に告白するの、生まれて初めて。だから振られたくないよ」
などが、男ウケ抜群だったフレーズです（対象：過去数十人のお客さま／他）
全然押してるように思えないフレーズばかりでしょ？

これまでの著書の中にも何度も書いてますが、男の人はプライドが高く、そして褒められるのが本当に大好きです。
なので「押す」時に、それらを上手く取り入れてください。

男性の自尊心をくすぐり、おだてる。気づかれない押しが効果的。

引き方を知ってモテる。

押してもダメなら引いてみな。ってことで、恋愛には「引き」も大事ですねえ。

あたしの父は、その業界では有名な営業トークのプロでした。

父曰く、

「欲しがっていない相手には、押し売らない」

「欲しがっているところにのみ、売り込む」

「そして、あえていったん引く」

『この三段活用が、ええんやで』

と、ニンマリ笑った父は、なかなかハンサムな悪魔のようでした。

これを恋愛に置き換えると、こうなります。

●超簡単。引いて、男をその気にさせるテク

・「私が、○○君を好き」という噂を流す。

・彼の態度が変わってきたら、ラブラブ光線を〝少量〟出す。

・あたしの処女作『モテれ。』のテクニックをフル活用して、落としにかかる。

・彼が「この恋、いける!」と自信や確信を持ったとわかったら、引きを開始する。

＊極力、目を合わせない

＊会話にはローテンションで

＊メールの返事は3回に1回

これらをできれば月曜日〜木曜日の夜まで続ける。

・金曜日の朝からは、再びラブラブ光線を出す。

（焦った彼らは、土日のデートへと一気に攻めてくる傾向にあり）

・うぬぼれさせて、いったん引く。

どうしたんだ？　と思わせて、再び軽く押す。

これらを1、2度繰り返すと、彼はあなたの指名客もとい、虜です。

男の主な恋愛パターンは「押す」なんです。

上手くいっても、いかなくても、彼らはナゼか「押す」。多分、女は「強引さに弱い」と思ってるから、なんやろうけど。

だから「押し」は男に任せて、こちらは種だけ蒔いて、あとは「引く」。

種蒔きと引きが上手いとモテるのは、男は基本的に、押したがる生き物だからなんです。ちなみにあたしは、性格的に「押すタイプ」と思われがちですが、実はかなり「引くタイプ」です。

引くのが上手いです。ドン引きさせるのはもっと上手です。

「種蒔き」と「引き」の絶妙なバランスで、彼はあなたの虜。

夢を語ると、男の本性が見える。

夢を語ると、男の本性が見える。

長い前置きはさておき、ズバッといきましょう、ズバッと。

バリバリと仕事をこなして、可愛げが足りない（と思われている）あなたは、ウソでもいいから「ほんとは可愛いお嫁さんになりたいのに」と夢を語りましょう。

逆に家庭的で可愛いお嫁さん向き（と思われている）あなたは、「本当は仕事をバリバリとこなすキャリアウーマンになりたいの」と語りましょう。

この〝夢語り〟をウソっぽく終わらせないためには、具体的な要素を少々入れると良いのです。

「可愛いお嫁さんになりたくて『ナスの田楽』や、『厚揚げ田楽』や『こんにゃく

田楽』が上手に作れるように勉強したのに……」って、どんだけ田楽好きな旦那を探しとんねん！

冗談はさておき、夢を語るという行為がモテに繋がるには理由があります。

強く見られる女は弱さを、弱そうに見られる女は強さを、『夢』というフィルターを通して見せることで可愛らしさが演出される。

小さい子どもが将来の夢を語ってる姿は、無条件に可愛いですよね？

そんな感じ。

仕事バリバリのキャリアな女性が、ほろりと見せる弱さに、男は簡単にヤラれます。

だけど、そういう女性は弱さを見せることが苦手ときてるので、『夢を語る』という手を借ります。

家庭的で見るからに〝お嬢さん〟って感じの女の子が語る、バリバリと仕事をこなす女への夢や憧れは、ブチャイクな5歳の女の子が語る「あたち、将来は長澤まさみたいになにょ!」に似て、可愛いわけです。

そして、そこで出てくる男の本性。

「女の子はやっぱり家庭に入るべきだよ」

こう発言をした男からは、あたくし、根こそぎ金をいただきました（若い頃）。

ムカつくのよね。やっぱり女は家庭〜とか言ってる男って。ふん!


キャラに似合わぬ夢を語る女を男は、その瞬間『無防備』だと勘違いします。

だからうっかり本音を言ってしまう。

そこで、自分にとってプラスになる男か、そうでないかを見極め、プラスになる男なら、何がなんでも落とす。そうでない男なら、さっさと廃棄処分する。

こんな風にして男を分別するのも、真からモテるためには必要なんです。

プラスにもならない男にモテたって意味ないやん?

「君が作るナスの田楽が食べたい」という男とフォーリンラブするも良し。

「君の将来の夢のために出資するよ」というオッサンをスポンサーにするも良し。

この手はホステス時代によく使いました。

楽しそうに、キラキラした瞳で夢を語る無防備な女を演じて、いただいた金銀財宝と、おろしていただいたボトルは数知れず。なのになぜ、今あたしには金がない？

おかしい！　おかしいじゃないか、クヌヤロー！

キャラと正反対の夢を語るのは、男を分別するため。プラスにならない男は、さっさと捨てるべし。

あの頃の話には モテが盛りだくさん。

トークの内容が面白くない男の話は、聞き上手がモテる秘訣だとわかっていても、キツい。

・会話にリズムがない。

・笑わせようと意識してるのが丸見えで萎える。

・ブームの終わったギャグを使うなよ。

・自分で言って、自分で笑うな！　キモいな、オマエ。

てゆうか、やっぱあんたオモンネーわ。

みたいな？

こういう男に限って、話が長いもんだから、マジで死刑にしたくなるね。

でもね、これにはちょっとした裏技があるんです。

『子どもの頃の話を振る』と、平坦でつまらない彼の話が、リズムを持ち、〝ほんの少しだけ〟面白くなるから不思議。

それだけじゃない。

聞き手の私たち女子が楽しそうに耳を傾ける姿は、当然モテに繋がります。

彼ら男に振ると良い、子どもの頃の話のおすすめカテゴリーは以下の4つです。

・学生時代の部活の思い出話

・〝幼少〟の頃にした遊びの思い出話

・飼っていたペットとの思い出話（ペットを飼ってなかったらアレやけど……）

・子どもの頃に怖かった物（者）の話

男性相手のお仕事をしていると、お客さまとして来られるのは、タイプとは正反対の男ばかり。

だけど、お金のため、生活のため、指名のため、彼らの史上最高につまらない話にも付き合わねばなりません。

しかし思いは顔に出る、これどうしても仕方ないよねぇ？　そういう場合は、あたしに都合の良い（楽しんで聞けて&突っ込める）話題をあえて振るんです。

前ページで示したカテゴリーには、彼らが『楽しんで話せる内容』が詰まっています。

子どもの頃やペットの話には、無理して笑わなくてもすむ、そこそこに面白い思い出が高い確率であるんです。だから、聞き手のあたしたちも、自然な笑顔で彼らの話を受け入れ、笑うことができる。

苦難から生み出した、この〝苦しい時の聞き上手〟テクニック。

ぜひとも、使ってください。

つまらない話は楽しんで聞ける話に誘導してしまう。

「似てる!」を正しく使って、即効モテ。

たとえば、初対面の人に「松雪泰子に似てますね」と言われたら、その人のことを（あんた、いい人やね）と思ってしまうような気がします。

たとえば、初対面の人に「マントヒヒに似てますね」と言われたら、（コイツを殺して、あたしも死のう……）と思ってしまうような気がします。

5年ほど前に、浅野忠信さんと香取慎吾さんの〝ええとこばっかり〟を寄せ集めたような、なかなかのええ男と知り合ったんですが、彼は言ってました。

「香取君に似てる、と言われると素直にうれしい。

なぜなら彼のことを僕は、魅力的でステキな人だと思ってるから。

だけど、浅野忠信に似ていると言われると、素直に喜ぶことができない。

なぜなら僕は彼の魅力がよくわからない」

確かになーと思いました。

人気俳優やアイドルに似ている。イコール、うれしいとは限らないんですよね。

「あたしの知り合いの○○に似てる!」ってのも、よくあるパターンやけど『○○って誰やねん』で終わってしまうことが多い。

だけど、『似てる!』の使い方をこう変えるだけで、瞬時にして勝ち組になれたりするんです。


「ずっと憧れてた先輩に似てる」


〈類例〉

「高校時代に大好きだった先生に似てる」

「高校時代に大好きだった人に似てる」など

これらの台詞を言う時は、目を思いっきりハートの形にして言いましょう。

「高校時代にずっと憧れてた先輩に似てるから、ドキドキする……」のように、

『ドキドキする』や『緊張する』を付け足すと、よりリアルになります。

「そんなに似てるの？」と、彼に聞かれたら、

「うん。でも告白したら、あっさり振られちゃったの。だから、（その先輩に似ている）あなたのことを好きにならないように気をつけなきゃ！」

と付け足すことをお忘れなく。

大好きだった人に似ている。

だから、その彼に似ているあなたを好きにならないように気をつけなきゃ。

この2つの伏線を敷いておくと、男はこう思うわけです。

（ってことは、この子を口説けば簡単にイケルかも……）ってね。


そして必死になる男。

上手くかわして、焦らす女。

『似てる！』はこのように使うと、あっという間に男をその気にさせられるのです。

コツはね？　明るく能天気に言うよりも、甘酸っぱく切なかった片思いの日々を

思い出すわ（ウルウル）。

みたいな感じで言う方が、男はグッとくるみたいですよ。

甘酸っぱく切なかったあの片思いの日々……のトーンを忘れないこと。

一気にモテなくなる3大タブーワード。

長い前置きは抜きにして、ズバリいきます。

見た目がいくら可愛くても（そうでなくても）、一気にモテなくなる3大タブーワードが世の中にはあるんです。

これだけは、言っちゃいけない。

逆に言うならば、嫌われたければ言ってしまえ！　って感じ？


「それだけ？」

「なんか、ないの？」

「普通は〜なんだって」「○子の彼は〜なんだって」

彼の話に対して、冷たく「それだけ？」と言い放つ。

「なんか、ないの？」は、もっと楽しいこと、面白い話を要求する時に、冷めた顔して言うと最悪です。

「普通は〜なんだって」「○子の彼は〜なんだって」に関しては、男は他人と比べられることを（自分が劣っている場合）とても嫌がるので、嫌われ効果は抜群に高いです。
※他人と比較されて伸びる（成長する↑エラソーな言い方で悪いけど）男は、『万に1人もいない』と考えるのがベストです。
その他、あたしの周りにいる男連中に聞いてみました。

『女の子にこんなこと言われたら、ショック、引く、げんなりする、冷める』プチ特集。

・「毎日残業してるのに、なんでこんなに（お給料）安いの？」
・「けっこうケチなんだね？」
・「前の彼はもっと〜してくれた」
・「だから嫌われるんじゃない？」
・「だから言ったじゃない」（類：ね？　私の言った通りでしょ？）
・「この店、美味しくないね？」
・「つまんない」（類：もっと面白いことない？）

・悪口、陰口はすべて冷める。

・自分（男）の親の悪口は特に。
・自分（男）の友人の親の悪口は特に。
・自分（女）の友人の親の悪口は特に。

・恋愛関係が終わった別れ間際の「今だから言うけど」のセリフと罵詈雑言。

（別れる時に言われる罵詈雑言は、かなり凹むらしいです）

男はほんとに傷つきやすくできています。
そして、女に対して過剰な期待をしています。
だから、ちょっとした言葉で傷つくし、すぐに気持ちを冷ましてしまうんです。
気をつけてくださいね?
1つクチにするだけで、一気にモテなくなりますから。

男はほんとに傷つきやすい。
そして、女は過剰に期待している。

彼を気持ち良くさせる３大ワードをフル活用。

長い前置きは抜きにして、ズバリ書きます。
モテたければ、この３つのワードを使いまくれ！　言いまくれ！
これで男は気持ち良くなって、まるでワンコロのようにあなたになつきます。

「かっこいい」
「尊敬する」
「頼りになる」

これです、これ。

「○○さん（君）ってすごい！」

「○○さん（君）みたいな人ってはじめて！」

の〝神ワード〟と併せて使うと、より効果が増します。

これまでに何度も書きましたが、男はほんまに、ほんまに褒められるのが好き。

自分を言葉で気持ち良くしてくれる女に、尻尾を振らないわけがないんです。

ただし使用上の注意が1つだけ、あります。

言葉遣いは正しくしましょ。

「マジヤッベェ！」

「かっこよくね？」

「超イケてるしーありえなくない？」

などは、「オマエがありえねーよ！」ってハナシになっちゃうので、使わないようにしてください。

落としたい彼に使いまくるのも良し、付き合いが長い彼に使うのも良し。

とにかくこれだけのことで、信じられないくらいに男は〝愛犬化〟しますから。

あたしの恋人のDさんなんて、もう……ここであえて書くのも申し訳なくなるくらいに褒められまくりですよ、あたしに。

「Dは、手足が長くてほんとかっこいい」

「Dの横顔って、思わず見惚れてしまうくらいにかっこいいよね」

「なんでこんなにかっこいい人が、あの子と……ってきっと周りの人に思われてるで」

「Dは世の中の動きに敏感よね？ ほんと尊敬する」

「Dより頼りになる男の人なんて、この世の中にいるのかなあ？ って最近よく思う」

など。ええ、出血大サービスですよ。

たとえ心からは思ってなくとも（失礼）、とにかく褒める。褒めちぎる。

「褒めすぎやわー」「何も出ないよー」なんてニヤつきながら、料理でも浴室洗いでも洗濯物たたみでも、なんだってしてくれます。
男ってこんなもんです。ほんとに可愛いんです。

昔付き合ってた彼の話。

３人組の女の子をナンパした時、１番ブチャイクで生意気だった女の子が、「あなたって藤木直人に似てて、めっちゃかっこいい」と彼を指して言ったそうです。

全然タイプじゃなかったのに、あまりにうれしかったので付き合ってしまったらしい。

ね？　男ってこんなもんなんです、ほんとに。

ちなみにその彼は、鼻の穴の形すら、まるで藤木直人に似てませんでしたけど。

たとえ心から思っていなくても、とにかく褒める。褒めちぎれ。

丁寧な口調の中で3種類のタメ口を使って絶対モテ。

モテるために品良く見せようと思うなら、客室乗務員さんの話し口調やしぐさを真似るのが1番の近道だと、母の妹、元スッチーが言っておりましたが、その通りだと思います。

さて、異性とキレイな言葉で話してますか?

丁寧な話し方（敬語など）は、品良く見せてくれるという良い点と、打ち解け難く思わせてしまうという難点があります。

だから、3回だけタメ口を使って、品の良さと親近感の両方をアピールして、一気に落としにかかりましょう。

ん……3回というよりも3種類のタメ口、という方が正しいかもしれません。

「うれしい」

「寂しい」

「大丈夫？」


丁寧な口調の中で、使って良いタメ口はこの3つです。

「うれしい」は満面の笑みを浮かべて、できればボディタッチ付き。

「寂しい」は究極に寂しそうな表情で、できるのなら涙（あくび利用）を浮かべて。

「大丈夫？」は相手の顔を覗きこむようにしながら、こちらもできればボディタッチ付きで。

これら3種類の言葉を丁寧に言ってしまうと、上辺だけの営業トークに聞こえてしまいます。

しかしこれらをタメ口にすることで〝思わず、本音で話してしまった〟という風に聞こえるんです。

他の言葉が丁寧だからこそ、一瞬のタメ口が生きるんです。
もちろん、タメ口を使ってしまったあとはすぐに元の丁寧な口調に戻してくださいね。

接客業をしていた頃、この3種類のタメ口のピンポイント使いが、かなりの効果をもたらしてくれました。

喜び、悲しみ、心配は、『心の底からの本音』に見えるように演じる、これは絶対モテの鉄則ですっ！

喜び、悲しみ、心配は、〈思わずこぼれた本音〉に見えるように演出。

モテママ語録〈今日だけは○○させて〉

モテママ。

〝モテるわがまま〟を略しました。

『わがまま』は使う場所、それを受け止める相手の器やその日の気分によって、重く感じられたり、可愛く思ってもらえたりする、非常に使い勝手の悪いヤツです。

だけど、この〈今日だけは○○させて〉は、同じ相手には1回こっきりしか使えないけれど、破壊力抜群の効果をもたらします。

だから、ココゾ！　という時のみに使ってくださいね。

「今日だけは独占させて」

好きな彼には彼女がいる、でも念願かなってデートができた――その帰り道。

好きな彼には奥さんがいる、だから彼は帰らなければならない――でも帰したくない。

好きな彼には男友達がたくさんいる、今日もこれから飲み会だとか――行かないで欲しい。

どんな場合にでも使えます。

シリアスに言ってしまうと、重くなりがちな破壊力抜群のこの台詞。

だから、表情は寂しそうに、でも口調は甘えた感じで言うことをおすすめします。

結果、彼は帰ってしまうかもしれない。男友達の所へ行ってしまうかもしれない。

だけど大丈夫です。この台詞には、そんな『現実の結果』など屁にもならんほどの威力があります。

女の子から、こんな台詞を言われてグラつかない男がいるわきゃない。

「今日はどうしても無理だけど……次の金曜日なら」と、次の予定を99％の確率で入れてきます。

聞き入れてもらうためだけのわがままなんて、そこらのガキでも言います。

だけどモテ女子はそうじゃない。自分が、次のステップに進みやすくするためのモテママを言う。

そうじゃなきゃ、モテ女にはなれません。

モテママ語録『今日だけは独占させて』を使って、彼の理性をブッ壊してください。

破壊力抜群のセリフで次のステップをゲット。

モテママ語録〈ここのところ毎日、〇〇たいって思ってた〉

勇気を10倍出せば言えます。

その勇気は、あなたにハッピーとラッキーとディープラブをもたらしてくれるでしょう。みたいな。

あたしにとっちゃあ元・日常茶飯語。寝ても覚めても、こればっか言うてました。

『ここのところ毎日、会いたいって思ってた』が正解です。

これね？　実は言われたことがあるんです。昔、付き合っていた女の子に。

ぼちぼち飽きてきて、そろそろ別れよっかなーなんて思いながら、2週間くらい連絡もとらずに放置してた彼女だったんですが、たまたま道でバッタリ会ったんですよ。

その時に言われたんです。

「ここのところ毎日、れぃに会いたいって思ってた」って、超ラブリーな笑顔で。

なんて可愛いヤツなんだ！　と思って、道の真ん中でハグってしまいましたよ。若かったわ……。もしもこの時、イヤミを言われたり責められたりしていたら、あたしは間違いなく彼女を〝即切り〟してたと思うのですが、そうじゃなかった。

愛しいな、可愛いな、会わなくてごめんな――って心の底から思いました。

この台詞には、女の子だけが持つ、特有の可愛らしさがギッシリ詰まっています。だから、こんな男みたいな獣みたいな悪魔みたいなあたしが言っても、男ウケがイイんです。ほんと、男の人は喜びますよ。

言葉には出さなくとも、可愛いやっちゃなーオマエ！　みたいな顔をします、必ず。

応用として、『今日は1日中ずっと、山田君に会いたいって思ってたの』や、『昨日、田中君のことを考えてたら、今すぐ会いたいって思っちゃった』や、『今日はぜったいに佐藤さんに会いたい！　って思ってたの』とかね？

これ以上ないくらいの笑顔で、目をジッと見つめながら、会えたことを心から喜

んでます、ワタシ！！！　ってな顔をして言ってください。

会えない寂しさをイヤミにして言うのも、間違ってるとは思いません。

だけど、寂しさを伝える方法を少し変えるだけで、彼を反省させ、彼を喜ばせ、彼に愛される。

シフトがかみ合わなくて、なかなか会えなかった片思いの鈴木君に、『ここんところ毎日毎日、鈴木君に会いたいって思ってたよー！』と伝えれば、恋がはじまる。

女の子は、可愛げがあってなんぼです。大人の女も、もちろん同じです。

モテママ語録〈ここのところ毎日、○○たいって思ってた〉。ぜひ、お使いください。

女性の可愛らしさ満開のセリフ。喜びいっぱいの笑顔を忘れずに。

1回の「すいません」より10回のアレ。

お財布は毎年1回買い換えるようにしてるんです、親の教えで。

ま、そんなことはどうでもいいんですが、あたし、〝ある物〟をお財布にずっと貼り続けているんですよ。どれだけお財布を替えても、それだけはずっと……。

アメリカ育ちのあたしは、日本特有の『へりくだり文化』が苦手です。

すいません・恐縮です・私なんて・つまらないものですが——的なもの。

それがこの国の『美徳』なんだとしたら、しゃーないけど、恋愛の場、ましてや『モテたい』なら、それは逆効果やと思うんですよね。

「ボクなんかですいません」を繰り返してるホストに魅力は感じない。

どれだけ褒めても、どんなステキなプレゼントを贈っても、「すいません、気を

遣わせてしまって」と恐縮してるだけの相手なんてつまらないし、息が詰まる。

引くべきところできちんと引く、下がるべきところできちんと下がりさえすれば、異常にへりくだったり、必要以上に自分を卑下しなくても、全然大丈夫。

1回の「すいません」より、「ありがとう」を10回言いましょう。

なんか宗教的で申し訳ないですけど、「ありがとう」には〝力〟があると思います。

モテない人は自信のなさの表れなのか、「すいません」「ごめんなさい」「私なんか」って言葉を頻繁に使います。

悪いことしてないのに、謝んなよ！　って思う。

「すいません」を頻繁に言う〝癖〟が付いてる人に言いたい。

あなたのその「すいません」が、周りの人にどれだけ気を遣わせてしまっているかを知ってますか？　と。

「すいません」が口癖になっていることに、気づいていない人は多いです。

だったら余計にチャンス。

今日からは「ありがとう」を意識して口癖にしてください。

「ありがとう」ぐらいで、モテるわけがない！　と思ってる人は、たぶん「ありがとう」を普段からあまり言っていない人じゃないかな？

「ありがとう」を気持ち良く言う女を高く評価する男はたくさんいるけれど。

「ありがとう」を多くクチにする女を悪く言う男はいませんから。

あたしのお財布の内側には、「ありがとう」と印刷されたシールが貼ってあります↑マジよ？

これがまた、男連中にウケるんだって。へへへヘッ。

「それ何？　なんのシール？」

「いつも感謝の気持ちを忘れないようにしてるねん」

ＥＴＣ導入前は、料金所のおじさんに「ありがとう」。

コンビニやレストランの店員さんに「ありがとう」。
あたし言いまくりです。
言ってるあたしも、言われた方も、聞いてる人も気持ち良い言葉。
これだけで『株』が上がるんだから、言って損はないですよ。

「ありがとう」はすべてを制する！

Lesson 5

デート＆飲み会で本気《マジ》モテ。

飲み会必勝4か条「て・ん・ね・ん」

「天然」じゃないですよ？「て・ん・ね・ん」です。

この「て・ん・ね・ん」を使って、合コンで必勝してください。

拙書『モテまくれ。』で書いた「飲み会必勝虎の巻」に、今回の「て・ん・ね・ん」を加えて、あなたは勝つべきだ！

ちなみにこれ、合コンじゃなくても使えるけどねっ。
《ドレミの歌で憶えましょう　（『ファ』のフレーズから）》
♪「て」は、手を触れるの「てぇ」
♪「ん」は、何が触れたのかな？　って白々しく確認する時の「ん〜」↑超早口

で歌う
♪「ね」は、前後に付けて「ね～」
♪「ん」は、可愛くうなずく「んっ～」
さあ、う～た～い～ま～しょぉぉお♪♪♪
→
こういうサムいことを書いてる時が、1番シアワセ。

さて、ここからは真面目にいきますが――、まずはとにかく、狙った彼の手に偶然を装って触れるようにする。

もちろんこの戦いに勝つためには、狙った彼の隣りに座ることが条件です。
椅子の上に置かれた彼の手の上に、気づかないふりをして自分の手を重ねたり、〝まさか手だとは思わずに（と、いうことにして）〟彼の手を軽く握ってしまった

り、など……。

まずは「偶然に手が触れちゃった」という状況を、なんとしてでも作る。

そして触れた瞬間に、何が触れたのかしら？

と、白々しく確認をするふりをして「んっ？」と、彼の顔をとびっきりの可愛い顔で覗き込む。

これ→をきっかけにして、可愛らしさ猛攻撃を開始しましょう。

会話の前後には必ず「ね」を付ける。

「ねぇねぇ、○○君って」

——あなただけに、話しかけてるのよアピール。

「○○君の言う通りだと思う、ねっ？」

——私はあなたのことを否定しない、あなたの味方ですアピール。

彼の質問には「ん」で答えるようにする。

YESなら「んっ」と上目遣いで答えて（できれば胸の前でグラスを両手で可愛く握ったりするブリッコポーズ付きで）、NOならハッキリと言い切ることはせず「ん〜」と首を傾げて、YESでないことをやんわり匂わす。

軽いボディタッチに、とぼけた可愛らしさ、彼を否定しない会話に、ブリッコ仕草でYES or NO。

男の好きな4要素「て・ん・ね・ん」をフルに使って、モテちゃってください。

使うのはあくまでも「て・ん・ね・ん」。
作られた天然系は、バレたときにイタイ！

盛り上げ役より、和ませ役。

「どうせモテないから」と、盛り上げ役や笑わせ担当に走ってモテるのは、男だけ。なぜかというと、女は、楽しませてくれる面白い人が好きだから。

だけど、男は？　楽しい女の子は好きだけど、お笑い系に走る女の子は、これまた別のハナシ。まあ、盛り上げ役に徹してもモテない男ももちろんいるけどね。

合コンや飲み会や、その他集まりなどで、開始時点のポイントが高いのは、もちろん見た目がイイ子。

中間地点で、注目を集められるのは盛り上げ上手な子。と、気の利く子。

そして最終的に美味しい目にありつけるのは、和ませ役に徹することができた子

（気の利く子）だという核心がある。

昔の親友がまさに、このタイプでした。行動がハデゆえ、目立ってしまうあたしは、まず最初に男に「カチコーン」と思わせるタイプ（どんなタイプだよ）。

そして毎度、1番人気の男をテイクアウトするのは、親友のMちゃんだった。

大昔、あたしには親友が3人いました。

アイドル並に可愛い（スタイルも性格も抜群）Sちゃん。残念ながら、顔はチョット……だが、ノリと脚線美が恐ろしくスバラシイNちゃん。そして「昭和の日本のお母さん」を代表するような、重心低めの洋ナシ体型で、顔立ちが優しい感じのMちゃん。そして、お化粧すると、チョットだけベッピンさんになってしまう（すいません）、超高飛車なあたし。

最初に男からチヤホヤされるのは、毎度決まってあたしとSちゃんでした。

だけど、あたしは高飛車。Sちゃんは、男に無関心。

よって、男たちはノリのいいNちゃんに救いの手を求める。

その間も笑顔を絶やさずに、料理を小皿に取り分けたり、テーブルの上を片付けたりするMちゃん。

目立たず、騒がず、とりたてて面白いことも言わず、だけどノリが悪いわけでもなく、終始笑顔のMちゃんが、どこへ行っても最後は1番人気となっていた。

最後に勝ち組になるのは、いつもこういう和ませ系。

スタイルが、重めでも（はっきり言うと、太ってた！）、目立つくらいに可愛い顔立ちをしていなくても、和ませ系は最後に勝つ。

自分には外見的派手さや、華やかさが欠けていると思う女子は、この「和ませ系」のポジションを攻めていくと、モテ率はグンと上がると思いますよ。

最初は美人が強くても、最後は和ませ系がオイシイところを持っていく。

「待ち合わせ場所」は可愛くおねだり。

初デート。

読者のみなさんは、どんなところで待ち合わせをしてるんやろ。

最寄りの駅？　学校の正門前？　スタバ？　本屋さん？

彼の会社の近くまで足を運んでる？　駅周辺のファッションモール？

そう、あれは風の強い冬の日、後ろから前から右から左から、あらゆる方向から突風に煽られ、ようやく待ち合わせ場所に着いた時、あたしはフラフラになっていた。

そこへ彼が現れて一言、「髪の毛が、トンガリコーンみたいになってるよ？」

方々から風に煽られたあたしのロングヘアーは、絡まり＆盛り上がりを繰り返し、重力に反発し天に向かって伸びていた。

風の強い日のデートは避けよう。
心に強く誓ったあの日を、あたしはきっと忘れない。

待ち合わせ方で最もおすすめなのは、自分の学校、または会社、自宅まで彼に迎えに来てもらうことです。

なぜ？

季節が夏なのであれば、せっかく念入りにしたメイクが、待ち合わせ場所に向かう間に汗で崩れてしまうから。季節が冬なのであれば、せっかく整えたヘアスタイルが、待ち合わせ場所に着く頃にはトンガリコーンになっているから。

とにかくでき立てホヤホヤの1番輝いてるヘアメイクを、初デートでは見せて欲しいんです。いや、見せるべきなんです。

女の子は、眉毛1つ、前髪1つで気分が左右されてしまう。

メイクの仕上がりが100点なら、彼に会う時の笑顔もやっぱり100点になるんですよ。待ち合わせ場所に向かうにつれ、汗でファンデーションがよれ、浮いた皮脂で顔がテッカテカ。

「あああ、さっきまでは世界で1番可愛かったのに……！」と、悲しい気分で待ち合わせ場所に向かうくらいなら、あらかじめお願いをしておきましょう。

初デートが土日などの休みの日なら、彼にも時間的な余裕があるはずだから、「家に迎えに来て欲しいの」とお願いがしやすいし、受け入れられやすいんですよ。

「でもわざわざ迎えに来てもらうのも……」

「面倒臭い女だなって思われませんか？」

心配ご無用。これは初デートだから使えるんです。

5回目、8回目のデートになると彼もウザったがるかもしれませんが、〝初めてのデート〟だから、多少の無理も面倒も「仕方ないな」と思ってくれる。

たとえば、あなたが実家暮らしの場合。

「いきなり自宅かよ……親なんか紹介されたらウゼェ！」

なんて思っちゃう男もきっといると思います。あたしが男なら間違いなくそう思います（?）。でもね、何もこちとら「部屋に上がって待っててくれ」なんてことまでは思ってないわけですよ。だから実家暮らしの女の子は、そういう男の心理を先読みして〝自宅近く〟を指定するんです。

家のすぐ近くにある公園や、彼が車で迎えに来るなら、車を止めやすい場所など、多少歩いたくらいじゃファンデーションが溶けたり、トンガリコーンにならないくらいの近場を指定する。

自分に都合良く、彼に迎えをお願いする時は必ずこう言いましょう。

『1分でも1秒でも早く会いたいから』

「じゃあ、1分でも10分でも早く待ち合わせ場所に来たらいいじゃん」

なんて思っても、言いませんよ、普通の男は。

だって初デートですよ？　初デート。

迎えに行くぐらいのことを面倒臭がる男は、仮に付き合ったとしても、今後何かにつけて面倒臭がる男か、もしくは身体だけが目当てで、あなた個人に対する〝気持ち〟はまるでないかの、いずれかです。深みにはまる前に、男の本性を暴くためにも、とにかく初デートは、何がなんでも迎えに来てもらいましょう。

『1分でも1秒でも早く会いたいから』

確かに少し恥ずかしいセリフです。勇気を出さなきゃ難しいかもです。

でもね？　あなた個人に本当に興味がある男なら、間違いなく「可愛いやっちゃ」と思うはずなんです。

「今日のデートをそんなに楽しみにしてくれてるのか」と思うはずなんです。

だって、これはあたしの長年の研究結果が生んだ〝必勝セリフ〟なんですもん。

「初デートだから効くテクニック」で、1番可愛いあなたを見せる。

彼が現れた瞬間が最初の勝負。

待ち合わせ場所で彼に会った。

どんな表情をしていますか？　どんな態度で、どんな言葉を口にしていますか？

「そりゃもちろんうれしそうにしてますよ」

そうでしょうねえ。そりゃ、そうでしょうよ。

彼が現れた瞬間が今日のデートの運命を決める、いや、今後の2人の行方を決めるんですもんねえ。

『来てくれてありがとう』

迎えに来てくれた彼には、必ず言ってください。もちろんスペシャルなハニカミ笑顔で。

『場所がわからなくて、会えなかったらどうしようって思ってたから……凄くうれしい』

「来てくれてありがとう」の後に、畳みかけるように付け加えましょう。

いいんです、いいんです。

間違えようのない場所で、待ち合わせをしてたとしても、いいんです。関係ないんです。

最初の「ありがとう」で好印象を与えて、次の「会えなかったらどうしよう」で、可愛いやっちゃと思わせて、最後の「凄くうれしい」で、可愛すぎてたまんねー！と思わせる。


この3段落ちで、最初の勝負に勝つんです。

初デートには、多少の不安がつきものです。

どんなに色恋慣れしたホストだって、ホステスだって、〝上客〟になるかならな

いかを決める最初のデートには気合いが入ってます。
そんなお互いの不安や気合いを、一気に取り除いて喜ばせるのが、『来てくれてありがとう』『場所がわからなくて、会えなかったらどうしようって思ってたから……凄く嬉しい』のワンセットなんです。言ってください。必ず言ってください。

「恥ずかしい」なんて言わせませんよ？
だってあなた、恋に勝ちたいんざんしょ？　モテたいんざましょ？

初デートの必勝セリフです。感謝と不安は可愛く伝えましょう。

お店によって使い分けたいマナー&テクニック。

いわゆる「本当のマナー」とは違うかもしれません。

世の中で言われてる本当のマナーが色恋に適してるかっつったら、そうでもないしね？　非常識ではなく、実践の場で「勝ち」を得られる、ＨＡＲＵＮＯ流マナー&テクニック。

頭じゃなく、良ければ身体で覚えて欲しいです。

まずはここで書くほどのことでもない基本的なこと。

お店では、彼に40、店員さんに60の割合で気を遣って欲しい。

彼にはニコニコとしているけれど、店員さんには素っ気ない対応をしている人を本当によく見かけます。

それじゃ、あかんやろ。

初デートで彼が見ているのは、口元・胸元・太もも、ばかりじゃありません。自分以外の人に対する彼女の接し方や振る舞いを、彼らはきっちりと見ています。

これ、ほんとだからね？

「ありがとう」「ごちそうさま」「美味しかったです」は基本中の基本。

お皿を下げに来てくれたら「ありがとう、ごちそうさま」。

オーダーを運んで来てくれたら、置きやすいようにテーブルの上をササッと片付けるなど、〝やって当たり前〟のことぐらいは、やりましょう。だって〝して当たり前〟のことですから。

ただし、やりすぎには注意してください。

声のボリュームは〝小と中の間〟。

テーブルの上のお皿などを寄せるのも、あくまでもササッと。

空いたお皿は重ねない。下げて欲しいお皿がある時は、小さく手を上げるか、店員さんと目を合わせて、こちらまで来てもらう。

でも店員さんへの対応にばかり気をとられて、彼との会話がスマートに運ばないのでは本末転倒。なので、会話の内容が変わった時や、彼が飲み物に口を付けた時などのタイミングを狙って〝店員さんへの〟気遣いタイムを作りましょう。

仲居さんがお鍋を作ってくれるようなお座敷に通されたら、自分は入り口に近い手前側、彼には奥に座ってもらいましょう。

なぜならそれは「作業」がしやすいからです。

仲居さんが運んできたお皿を受けたり、下げたり……とかね?

レストランの類なら、自分は奥の席に座りましょう。

そこそこの洋風レストランになると、有無を言わさずに店員さんがイスを引く場合がありますが、それはそれ。

なぜ彼を奥の席に座らせないか。それは、〝オーダーを出す人が、店員さんと接しやすく〟するためです。

お座敷ではないので、店員さんがテーブルの奥まで割って入ってくるのはブサイクなんです。

だけどオーダーを出す彼が奥の席に座っていて声が聞き取りづらい場合などは、どうしても店員さんが一歩、二歩前に出てきてしまう。

そういうのを避けるために、あたしはオーダーを出す人（彼）と、店員さんがやりとりをしやすいよう、自分はササッと奥の席に座るようにしています。

高級なレストランのメニューには、名前だけではどんな料理なのかがわからないものも多いです。

そんな時、彼が小さな声で店員さんに質問しやすいように……ってな気遣いも含め、自分は奥の席に、彼には手前の席に座ってもらうのがいいと、これまでの経験上思います。

カウンター席なら、彼の心臓側に座る。

心臓側に座る理由は、あたしの著書『モテまくれ。』で書いた通りです。

ほんとにちょっとした気遣いです。気付かれにくい気遣いかもしれません。

だけど、他の女性と何度かデートした経験のある男なら、間違いなく「違いがわかる」はずです。

仮にこの小さな気遣いに彼が気付かなかったとしましょう。でも大丈夫。

「やりやすさ」や「居心地の良さ」くらいは、彼が愚鈍でない限り絶対に〝感じる〟はずですから。

冒頭にも書きましたがこれは読んで覚えるのではなく、実践して身体に覚えさせてください。絶対に役に立ちます。

間違いなく「イイオンナ度」が上がりますから。

小さな気遣いも重ねれば、大きな魅力。彼は必ず感じとっているはずです。

ご飯のあとに親密度UPを狙う。

食欲と性欲がリンクしていることは、過去に『モテれ。』か『魔性れ。』で書いたような気がするので割愛します。

初デートで互いに感じていた緊張も、食後ならかなり解けてきているはずです。なので親密度UPを狙うなら、断然、食後。

それまで敬語で話していたのなら、間々でタメ口を〝1割程度〟挟んだり、自身のドジ話を披露して、親近感が増すようにするのもおすすめです。

お店を出て、歩き始める時に、彼の手首や袖口を軽く掴んだりするのも、食後の方がより良い効果を生むんです。

ボディタッチを使うのも、彼がそのボディタッチを、〝気に入った女の子からのものとして〟受け入れるのも、食前より、食後の方が効果を増します。
食事中が前戯だとしたら、食後はセックスの真っ最中です。

可愛く、ちょっぴり大胆に。

これ、覚えておいて損はないですよー。

彼が選んでくれたお店や料理を褒めるのも忘れずに。

ココで一発寂しがる。

食後がセックスの最中だとしたら、これから説明するテクニックは、セックス直後だと思っていいでしょう。

つまり『余韻』です。

楽しかった、気持ち良かった（?）の思いを、態度や言葉でしっかり示す。
でもその前に、彼に「急にどうしたのかな」と思わせなければなりません。
なので、ココは一発――女優になってください。
この時点で彼と手を繋いでいるなら、その手に力を込めて。
手を繋がず、横に並んで歩いているだけなら歩く速度を弱めてポツリと一言。

『楽しい時間って、ほんとあっという間……』＋寂しげフェイス。

これ以上も、これ以下もありません。

これがベストです。ベストなんですっ！

あなたとの初デートは、ワタシにこんなドラマなセリフを言わせちゃうくらいに、楽しかったんだと、「おまい、大成功だよ」と彼に伝えるんです。

これを言いさえすれば、彼のモチベーションは急上昇。

あなたに対する気持ちも、次回のデートに誘おうとする気持ちもうなぎ登り。

ま、当たり前と言えば当たり前。

「楽しい」って言われて悪い気を起こす人がいたら会ってみたいぜ、コノヤロー。

ただ、楽しいと言うより、
ただ、寂しいと言うより、

『楽しい時間って、ほんとあっという間……』には、子どもような可愛げがあります。

社交辞令ではなく、心からそう思ってるような錯覚を起こさせる効果があるんです。

だから言ってください。ぜひとも言ってください。

「そんなセリフ、八頭身美人にしか似合わないでしょ」

ＮＯ！　ＮＯ！

どんな女の子にも似合います。どんな女の子でも可愛さ１００倍です。

あたしも言ってますよ？

だって、この程度のセリフで必ず2度目のお誘いがあることを、これまでの経験が証明してくれていますから。

2度目に繋げる決めセリフ。女優になって伝えましょう。

「もう1軒だけ！」は必須でしょ。

前に書いた名セリフをより本当っぽく思わせるには、「もう1軒」のおねだりが必要となってきます。

過去の『モテれ。』で書いた、「モテる女は千円札を賢く使って可愛く誘う」を参考に、「もう1軒」をおねだりしましょう。

もちろん、ホテルをおねだりするんじゃありませんよ？

それは、まだまだ先にとっておくとして——、初デートにふさわしい「もう1軒」って、どんなお店だと思いますか？

BAR？　ファミレス？　喫茶店？

あたしがおすすめなのは、喫茶店または彼の行きつけのお店、もしくは飲食店で

はなくゲームセンターか軽いスポーツができる施設です。

初デートでいろいろと気を遣ってくれた彼の〝心〟がリラックス、もしくは〝楽〟になれるお店を2軒目には選んで欲しいんです。

なぜかっつーと、そうすることによって、彼も心から「楽しかった」と思えるからです。

読者の方からいただくメールに、

「2回目のデートのお誘いがないんです」

「1回目のデートが終わってから、彼がなんだかよそよそしいんです」

と書かれてあるものが多いんです。

多分それは、モテる初デートのやり方を知らんかったんちゃうんかな、って。

『余韻』や『もう1軒』を上手く使えてないんちゃうかな、って。

最後の最後まで気を張らなきゃならないデートだと、確かに楽しかったけれど、気疲れをも感じてしまう。

だから、彼が楽になれる場所や、彼が〝優位に立てる〟スポーツ施設なんかで、デートの幕を閉じるんです。

そうして「次も誘いたいな」「次があってもいいかも」と思わせる。

これが必勝、HARUNO流。

でも、まだまだ気をぬけませんよっ！

楽しませてくれた彼を楽しませる。
これが大人のマナー。

帰る間際のラブ・リアクション。

これは、あたしの言葉じゃなく、あたしの仲良しのヤリチン、遊び人、元・合コンKING、売れっ子ホストたちの言葉です。

『デート終了に近づくにつれ、見つめ合う時間を増やすんだ！』

目を合わせる回数を増やすという意味ではなく、1秒より2秒、2秒より10秒、できるだけ長く見つめ合うようにしろという意味らしい。

とにかく目をジッと見つめる。

ジッと見つめて、見つめすぎるぐらい見つめて会話をするように！　とのことです。目は口ほどにモノを言う。

名残惜しい気持ちや楽しかったという気持ち、そのすべてを目で語れ！　と彼らは（なぜか）熱く語っております。

帰る間際には（うれしいけれど）ボディタッチは要らない。

それよりなにより『目！』『目だよ、目！』なんだそうです。

それがキスのサインになったり、次のデートに誘うきっかけになったり、双方にとって最高で最強のラブ・リアクションなんだそうです。

そして視線を外すことなく、『こんなに楽しかったデートは〝生まれて初めて〟』と言われたら、その瞬間だけは、ルックスがタイプじゃなかった女の子ですら『女神に見える』と彼らは言います。

普通の大学生や、普通のサラリーマンの方たちの数百倍、色恋で遊び倒した彼らが言うんだから、恐らくこのラブ・リアクションは最強なんだと思います。

ボディタッチより目で語れ！

帰り際だからこそ、アレを付ける。

使い古された（あたしは、使ったことないけど）古典的な技。技なのか？
彼の車にピアスやイアリングを置いてくるってやつ。
意図がわからん。意味がわからん。
置いていくなよ、つうか、忘れんなよ。バレるだろ（？）
楽しいデートで置いてくるのは、そんなものじゃなくコレにしてください。
男はイメージする生き物です。
想像したり、妄想したりするのが得意な彼らです。
だからこそ、コレを使って余韻を与える意味があるんです。

ニオイ。

これです。やり方と用意するものは簡単。

●**用意する物**

ジバンシイのプチサンボン（香水）。

※水色のボトル

●**注意**

プチサンボンは、あらかじめアトマイザーに移し変えておくか、ミニボトルを購入することをおすすめします。

●**方法**

デートや残業、飲み会のあと、お目当ての彼に車で家まで送ってもらう時、（あと1分でマンションの前だ）というギリギリの所で、手首にシュッ。

車に乗らない学生さんの場合なら、好きな彼とバイバイするギリギリ1分前に手首にシュッ。

● **注意**

シュッする手首は、彼から遠い方の手首でネ。

〝量〟はかなり少なめで、お願いします。

量が多いと、ウゲッてなるし、逆効果なので本気で注意してください。

スプレーを下まで押さえず、3分の1ぐらいのところで止めると、少量しか出ないので、加減は各自で工夫してください。

● **効果**

プチサンボンの水色ボトルは、『お風呂上がりの石鹸の匂い』に近い香りが売りなんです。

もうわかりましたね?

お風呂上がりをイメージさせるのが目的です。

車から降りて、部屋に帰り、彼にお礼のメールを送る。
「今日はすごく楽しかったです。ありがとうございました。
迷惑じゃなければ、また誘ってください。○○さんは楽しかったですか？」
と、まずは1通目のメールを送る。
（送る前に2通目のメールを用意しておくとベスト！）
続いて、彼からの返事が〝届かないうちに〟、用意しておいた2通目のメールを、
素早く送ります。
「今からお風呂に入るので、お返事が遅くなるかもしれません」
→コレ。
『お風呂上がりの石鹸の匂い』の香水と、『お風呂に入ります』というメールのダブル使いで、余韻と妄想と、次への期待を与える高度（？）なテクニック。

シャネルのガーデニアやアリュール、ココ・マドモアゼル、アニック・グダールのプチシェリー以外に、あたしが絶対にプチサンボンを絶やさないのは、このテクニックがかなり使えることを経験で知っているからです。

騙されたと思ってお試しあれ。

ただし、シュッする香水の量にだけは、ほんとの本気で注意してネ。

香水の量を間違えると、命トリ！　気をつけて。

帰宅後のメールで確実を狙う。

終わり良ければすべて良し。さあ、これですべてが決まります。

初デート終了後に送るメールで、次のデートや本命の座を確実なものにいたしましょ。


「ありがとう」

「楽しかった」

「また誘ってください」

「気をつけて帰ってね」

「こんなに楽しかったのは初めて」

これでもいいと思います。

だけど初デートで彼の心をわし掴みにしたいなら、もうひと工夫が欲しいところ。

「○○で言ってた××の話が凄く面白かった！

また、今度も楽しい話をいっぱい聞かせてね♥」

「○○を歩いてる時に、手を引っ張ってくれたでしょ？

守られてるような気がして、すごくうれしかった♥」

「○○で食べた××がほんとに美味しくて、ビックリしちゃった。

ワタシもあのくらいの料理をササッと作れるようなイイ女になるぞっ（ヤル気の絵文字↑？）」

あの時、あの瞬間、ワタシはこう感じた、こう思った。

だからとっても楽しかったし、うれしかったのだ、という一文を加えるんです。

そうすることによって、「本当に楽しんでくれてたんだ」——安心

「この子は、ああいう話題が好きなんだ。あんな風にされると喜ぶんだ」——情報

彼は確かな「手応え」や「満足」、彼女になるかもしれない女の子の「情報」を

得ることができるんです。

初デートであれ、10回目のデートであれ、ここらへんは手を抜いたらあかんポイントやと思うんですよ。

感謝の気持ちはできるだけ、リアルに言葉にする。

彼の頭に、楽しかったデートの光景が浮かぶぐらいのリアルなメール。

男心は単純だけど繊細。

喜ばせる、安心させる、（情報を与えて）得を感じさせる。

これらのポイントを押さえたメールを、デート後に送ってくださいませ。

初デート後のメールは、すばやく、リアルに。

2、3回エッチを断っても、モテる小技。

すぐにエッチをしたら駄目なんですってば。
体は思ってる以上に、たいした武器にならないんですってば。
チヤホヤされて、ノセられて、乗られて、振られて、捨てられる。

ってことで今回は、〈2、3回エッチを断っても、モテる小技〉と、〈エッチを武器にする時の見極め方〉を書きたいと思います。

巷でよく聞く、3回目のデートでエッチするってやつ。
何それ、アホか？　とあたしなんかは思うけど、周りの男連中に聞くと、「3回目のデートでエッチ神話」は、信じられているようだ。

ならば、まずはそれを逆手にとるとイイ。

1回目のデート↓女の子らしいカジュアル
2回目のデート↓ドレッシー、お嬢様風
3回目のデート↓超カジュアル。できれば、デニム。

で、日中デートを指定して、エッチなムードに持っていかれる前に早々と帰宅する。

もしくは、知的なデートを指定する。

お城めぐりとか、岡本太郎美術館めぐりとか。

――で、彼の〝知的なところ〟を、マックスで褒めまくる。

男は褒められるのがとても好きだから、知的な部分を褒められたあとに、下心丸出しの口説きは、少々やり難い。

●エッチを武器にする時の見極め方

・エッチ抜きのデートを最低3回はする。

・相手の素性を知る（携帯番号ではなく自宅の番号を知るなど）。
・本命の彼女や妻子がないと99％の確信がある。
・体以外で、私本体（内面）に恋心を抱いたと99％の確信がある。
・彼にわずかながらに〝惚れられてる〟と自信を持てた。

これら5つが揃ったら、彼を旅行に誘いましょう。もちろん、お泊りで。

エッチを武器にしていいのは、彼の中に「この恋に対する責任」みたいなものが、出てきた時のみです。

それを見極めずにエッチを武器にしようとしても、ムリ、ムダ、ムイミの三拍子。

ま、体を武器にせず、お互いに楽しみたいなら、別に即エッチでもイイんですけどねー。

そんなあたしは、カラダから入る恋愛がほとんどですし。

男は身勝手でわかりやすい可愛い生き物です。

決めつけはよくないけれど、多くの男は、簡単にエッチできた相手のことは、不真面目に考えてしまうけど、簡単にエッチできなかった相手には、案外真面目に「恋モード」になる。

彼ら男は、生まれもってのハンターですからね。

逃げられれば、必死で追ってしまう。

だから、ほどよく、エッチを断る方がモテる（必死にさせられる）わけです。

モテたいなら身体を武器にしてはダメ！

親に会わせたい時、モテ女子はこうする。

両親に、その時々で付き合っていた彼氏を紹介したことは何度かあります。

「れぃちゃんのご両親に会いたい」と、彼から言われたり、うちの父親が「彼氏に1回合わせてくれよ」と言ってきた時とかね。

「あたしの両親に会って欲しいの」とお願いしたことは1度もありません。

だって、あたし結婚したくないチームの代表なもんで。

「両親に会って欲しいの」＝結婚を前提にお付き合いしてるんでしょ、私たち。

これってそういう意味でしょ？　男（や、あたし）は皆、そう思ってるけど、……

…ダメ？　こうなると、男（や、あたし）は一気に逃げ腰になるんです。

『いやいやいや、ちょっと待てと。別に遊びで付き合ってるわけじゃないけど、親はまだいいだろー』的な感じ。会う前に逃げ腰になってしまった男の脳内は、逃げのスパイラルでグルングルンです。

会いたくないとは言えない、だから会うけどヤダなー。

親父さんの目、チョーこえーよ。ヤダなー。

親に会わせたあとの彼女はなぜか押しが強くなるので、男はもっと逃げ腰に。

まだ結婚したくない。逃げたい。ヤダなー。ヤダなー。こうなりゃ飛ぶか（夜逃げなど？）。

――そうして、ある日、彼がいなくなった。着拒された。前触れもなく捨てられた。と、なるパターンは意外に多いようです。

そこで、あたしの友達のモテオンナ、加奈ちゃんのテクニックを紹介します。

年末年始やその他の長期休暇などで田舎に帰省する時、彼が車を持っているなら

ぜひともお願いしましょう。

「実家まで車で送って行ってくれないかな」

命令口調ではなく、あくまでも低姿勢で『お願い口調』にしてください。

運良く（？）彼の車で送ってもらうことが決まったら、到着地点に〝お母さん〟を用意しておくんだそうです。お母さんにスタンバってってもらうんだそうです。

いきなり彼女のパパに会うよりも、彼女のママに会う方が彼が受けるダメージは軽いし、異性同士なので、内面はともかく表面上はトゲトゲせず、初対面が丸くおさまる場合が多いらしい。

それだけではない。1度、彼女のママに会っておけば、彼女のママからパパへ、ある程度は〝自分について〟の話がいっているはず。

だから彼女のママに嫌われていなければ、とりあえず鉛のように重い空気だけは避けられる、と彼らは考えるらしいです。そうするといつか訪れる彼女のパパに会う日も、逃げ腰じゃなく、ただの緊張（ただし極度の）になるわけです。

よって、親に会わせたからといって彼との関係が急速に悪化することがないばかりか、段階を踏んだことによって、彼の中に『覚悟』や『責任』が生じるので、大切にされるのだとか。

もちろんこれが通用しない悪い男もいます。だけど本物の悪い男は、女の子が思ってる以上に数少ないので、だいたいは大丈夫なのだとか。

「モテの本質」を理解できない女の子は、自分の気持ちばかりを優先して、彼をがんじがらめにしてしまう。だけどモテる女の子は、男の気持ちの動向を理解した上で、段階を踏み、**優しい鎖**で彼を繋ぐ。

これは何も、親に会わせるうんぬんに限ったことじゃないですけどね。

恋にも、モテにも、段階は必要です。ソフトに繋いでおきながら、彼の決意を育みましょう。

エピローグ

あたしの願いは、ただひとつ。
恋愛マニュアル本愛好家の皆さんが、
1日でも早く〝この手の本〟から卒業なさること。
本はあくまでも本です。マニュアルはしょせん、マニュアルです。
すべてのオトコに通用するわけじゃない。
恋愛の場に想定外の出来事はつきものですし。
マニュアル本で仕入れた知識やテクニックで、モテる楽しさや甘みを知ったら、
あとは自分の経験と勘と体力（？）で、オトコと世の中を渡って欲しいと思います。
本気《マジ》モテされるコツさえつかめれば、仮に今より10キロ太っても、
若さでは売れなくなったとしても、オトコ不足を感じることはありません。
これはほんまです。

モテるのって正直、楽しいです。
（面倒臭いこともかなり多いけど）
モテるのって正直、うれしいです。
（ウザいことも、同時に多いけど）
モテ続けるのって正直、大変です。
（でもその努力が、楽しかったりもするんですけど）
本気《マジ》モテしてください。
本気《マジ》モテされる女になってください。
そしてほんまに1年でも早く、恋愛マニュアル本から卒業してください。
「私にはもうマニュアル本なんて必要ないわ」と、
高飛車に笑うあなたは、きっと最高にカッコイイ（はず）です。

愛犬の抜け毛の多さに困っている、2008年秋の春乃れぃより

春乃れぃ ◆ はるの・れぃ

台湾人と日本人のハーフとして台湾に生まれ、
幼少～思春期を米ロスで暮らす。
少年院、クラブホステスなどを経て、女社長に。
その後、SM女王などあらゆる風俗業を経験し
アンダーグラウンドを極める。
ケータイ書籍「恋愛博打」で作家デビュー。
歯に衣着せぬ毒舌がうけ、
「濡れ男」「女王様がロバに鞭」など各ケータイ書籍サイトの
売上げランキングに続々とベストテン入りした。
現在は、カリスマ・ケータイ作家として、
ケータイ書籍、雑誌コラムなどで活躍中。
著書に『モテれ。』『魔性れ。』『濡れ男』『モテまくれ。』
『メールでモテれ。』(小社刊)
『彼のセリフでわかる男ゴコロ』(大和出版)
『恋のクスリ。』(廣済堂出版)
『恋のあ～ん。』(KKベストセラーズ)がある。
◆春乃れぃWEBSITE〈http://reichdk.fc2web.com/〉

Special Thanxs!
Dad, Mam, Bro., Lover-d, Friends,
Boss-Saitoh, U-king, Occhy, Mr.nagao
Ms.koyama, and more...XOXO!!!

Super Thanxs!
Seiki

この書籍は、ケータイ書籍＆メールマガジン「モテれ。」に、
書下ろしを追加し編集したものです。

本気《マジ》モテ。
絶対!! 恋人ができるプログラム

2008年 9月21日　初版第1刷発行
2009年 3月21日　第3刷発行

著者 ———— 春乃れぃ
発行人 ——— 齋藤純一
発行 ———— 株式会社モバイルメディアリサーチ
An Impress Group Company
〒102-0075 東京都千代田区三番町20番地
http://mmr.jp/

発売 ———— 株式会社インプレスコミュニケーションズ
An Impress Group Company
〒102-0075 東京都千代田区三番町20番地

印刷所 ——— 東京書籍印刷株式会社

ISBN978-4-8443-7048-2

● 造本には万全を期しておりますが、万一、落丁・乱丁がございましたら、
送料小社負担にてお取り替えいたします。お手数ですが、
インプレスコミュニケーションズ・カスタマーセンターまでご返送ください。
● 商品のご購入についてのお問い合わせ先
[インプレスコミュニケーションズ・カスタマーセンター]
〒102-0075 東京都千代田区三番町20番地
Tel 03-5213-9295　Fax 03-5275-2443　E-mail info@impress.co.jp
● 書店・取次様のお問い合わせ先
[出版営業部]
〒102-0075 東京都千代田区三番町20番地
Tel 03-5275-2442　Fax 03-5275-2444
● 本書に関するご意見・ご感想は E-mail info@mmr.jp まで。